Evidenz und Medien

Lars Guenther

Evidenz und Medien

Journalistische Wahrnehmung
und Darstellung wissenschaftlicher
Ungesichertheit

Mit einem Geleitwort von Prof. Dr. Georg Ruhrmann

 Springer VS

Lars Guenther
Stellenbosch, Südafrika

Zgl. Dissertation an der Friedrich-Schiller-Universität Jena, 2015

ISBN 978-3-658-15173-7   ISBN 978-3-658-15174-4 (eBook)
DOI 10.1007/978-3-658-15174-4

Die Deutsche Nationalbibliothek verzeichnet diese Publikation in der Deutschen National-
bibliografie; detaillierte bibliografische Daten sind im Internet über http://dnb.d-nb.de abrufbar.

Springer VS

Gedruckt auf säurefreiem und chlorfrei gebleichtem Papier

Springer VS ist Teil von Springer Nature
Die eingetragene Gesellschaft ist Springer Fachmedien Wiesbaden GmbH

Geleitwort

Die Kommunikationswissenschaft beginnt, sich theoretisch und empirisch mit der wissenschaftsjournalistischen Wahrnehmung und Darstellung wissenschaftlicher Evidenz auseinanderzusetzen. Das ist nicht selbstverständlich, denn in Medien geht es vor allem um Neuigkeit, um Relevanz und auch (noch immer) um Aufklärung. Evidenz ist zunächst ein wissenschaftliches Konstrukt methodologischer Qualitätskriterien der Forschung. Nach dieser muss sich der Journalismus mit seinen eigenen Kriterien und Rationalitäten keineswegs quasi als Transporteur ausrichten. Indes kann Journalismus Evidenz thematisieren und rekonstruieren oder bewerten. Journalismus kann *evidenzsensibel* berichten – das kann Vor- und Nachteile haben. Es ist das Verdienst von Lars Guenther, diese Fragen als einer der ersten umfassend, systematisch mit theoretischer Phantasie und empirischer Akribie zu behandeln.

Evidenz wurde in Deutschland ein Thema, vor allem in der Medizin. Nicht zuletzt die entsprechenden Initiativen der DFG zur Förderung und Etablierung der evidenzbasierten Medizin (EBM) haben die Problematik u. a. auch für die Sozialwissenschaften relevant gemacht. Zudem existiert in der angelsächsischen Wissenschaftssoziologie und -philosophie seit Ende der 90er Jahre ein Diskurs über wissenschaftliche (Un)Gesichertheit. Lars Guenther ist zuzustimmen, wenn er bemerkt, dass die Untersuchung der Darstellung und Wahrnehmung wissenschaftlicher Evidenz im Bereich der Wissenschaftskommunikation erst selten erforscht wurde. Lars Guenther leistet hier also Pionierarbeit. Denn zunehmend erwarten Politik und Öffentlichkeit eine offenere und transparentere Kommunikation über Wissenschaft und Technologien. Für den Journalismus nun – so sagt Lars Guenther – kann die Rekonstruktion und Kritik wissenschaftlicher Evidenz die Position des Qualitätsjournalismus markieren und stärken.

Denn natürlich kann sich Wissenschaftsjournalismus auch an Merkmalen von Forschung orientieren, die mit Evidenz nichts zu tun haben. Und große Teile der Öffentlichkeit wollen vermutlich damit (und schon gar nicht

durch Journalisten) konfrontiert werden. Sie bekommt Aspekte dieses Themas erst dann mit, wenn sie selbst vom Arzt über unterschiedliche Heilmethoden *informiert* werden. Oder wenn scharfer Streit zwischen Wissenschaftlern in den Medien berichtet wird: über mögliche Risiken von neuen Substanzen, Herstellungsverfahren oder Therapien. Und diese offen und öffentlich ausgetragene Expertenkontroverse hat Nachrichtenwert mit der Folge,
dass noch mehr berichtet wird. Daher ist es folgerichtig, dass sich Lars
Guenther seinem Thema theoretisch und empirisch mit einer zweifachen
Perspektive nähert.

Zum einen ist das die inhaltszentrierte Perspektive, nämlich die Frage,
ob und welche evidenzbezogenen Aussagen sich in der Wissenschaftsberichterstattung rekonstruieren lassen. Hier ist zu analysieren, ob und unter
welchen Bedingungen eine mediale Präferenz für ungesicherte oder gesicherte Aspekte von Forschungsergebnissen zu verzeichnen ist. Und ob diese Aussagen und Berichte über wissenschaftliche (Un)Gesichertheit in den
Kontext der journalistischen Risiko- und Chancenbewertung fallen.

Andererseits – und das ist die journalismuszentrierte Perspektive – lässt
sich fragen, welche Vorstellung Wissenschaftsjournalisten von wissenschaftlicher Evidenz haben. Und ob sie und wie sie über eine journalistisch angemessene Berichterstattung dieses Themas in den Medien denken. Hinzu
kommt die Frage, wie Journalisten ihre eigene Berichterstattung einschätzen.
Wie denken sie diesbezüglich über verschiedene journalistische Darstellungstypen?

Bisher gab es für beide Perspektiven kaum theoretische und empirische
Arbeiten. Dies motivierte die Deutsche Forschungsgemeinschaft im Jahr
2008 das Schwerpunktprogramm 1409 „Wissenschaft und Öffentlichkeit"
einzurichten. In den Jenaer Teilprojekten hat Lars Guenther seit 2010 erfolgreich als stellvertretender Leiter mitgearbeitet. Und als ehemaliger Journalist dafür gesorgt, die journalistische Rationalität der Berichterstattung
über wissenschaftliche Evidenz stark zu machen.

Prof. Dr. Georg Ruhrmann   Jena, den 20. Mai 2016

Danksagung

Für Denny und Eric –
die besten Brüder.

Eine Doktorarbeit zu schreiben, ist wahrscheinlich eines der Dinge im Leben, von denen niemand behaupten dürfte, dass es einfach sei. Das ist in meinem Fall auch nicht anders. Es war ein langer, steiniger Weg. Glücklicherweise musste ich diesen nicht allein gehen. Gefährten, einige intensiver, andere nur für einen kurzen Abschnitt des Weges, haben mich stets begleitet. Grund genug diesen besonderen Personen einen kleinen Dank zu zollen.

Zu allererst natürlich ein großes Dankeschön meinen beiden Betreuern, Prof. Dr. Georg Ruhrmann und Prof. Dr. Michaela Maier. Sie gaben mir wertvolle Empfehlungen in den vielen fruchtbaren Diskussionen, die wir in Jena, Landau, Bamberg, Münster und auch in Salvador (Brasilien) hatten. Besonders dankbar bin ich dafür, dass mir die Chance gegeben wurde, mich in von der Deutschen Forschungsgemeinschaft finanzierten Projekten zu beweisen. Dies bot mir die Möglichkeit an vielen internationalen Konferenzen teilzunehmen, ein intensives Training im wissenschaftlichen Schreiben zu absolvieren und in einer Vielzahl hochkarätiger Diskussionen meinen Horizont zu erweitern. Dieser Dank gebührt vor allem Prof. Dr. Ruhrmann, der es manchmal schafft, dass mir die Worte dafür fehlen, meinen Dank richtig auszudrücken. In diesem Zug möchte ich gern noch Prof. Dr. Rainer Bromme für die Anfertigung eines dritten Gutachtens danken, sowie Prof. Dr. Bertram Scheufele für seine Empfehlung, die schließlich zu meiner Anstellung am Institut für Kommunikationswissenschaft der Friedrich-Schiller-Universität Jena führte.

Sabrina H. Kessler – meine größte Kritikerin und beste Motivatorin zugleich. Uns verbindet eine ganz besondere Freundschaft. Unsere Gespräche können sekundenschnell von einer wissenschaftlichen Auseinandersetzung über Framing zu den Dingen des privaten Lebens wandern. Ich hoffe, wir werden diese Gespräche weiterführen und dann auch neue Forschungsideen entwickeln. Dafür ein besonderer Dank. Zu nennen sind auch meine Kolleginnen Dr. Jutta Milde und Dr. Arne F. Zillich – von euch habe ich sehr viel lernen dürfen. Und schließlich muss ich den vielen studentischen Hilfskräften Tribut zollen, ohne die wir unsere Projekte nicht hätten realisieren können. Zu nennen sind Klara Fröhlich, Gitte Heidecke, Julia Fränzel, Barbara Ermentraut und Claudia Bader. Einige von euch sind über den Arbeitskontext hinaus zu echten Freunden geworden.

Julia L. McMillan möchte ich für die Unterstützung in allen englischsprachigen Belangen danken. Wir haben über die Jahre eine gute Kooperation entwickelt. Zeitgleich danke ich den mindestens 15 Reviewern meiner wissenschaftlichen Beiträge, die dann schließlich zu dieser Dissertation geführt haben. Zudem danke ich Anette Villnow von Springer, die stets bei allen Fragen ein offenes Ohr hatte und mir die Publikation einer Dachschrift zu meiner Dissertation erleichterte. Und ich danke den Wissenschaftsjournalisten, die sich die Zeit nahmen und geduldig Interviewfragen beantwortet haben.

Zu guter Letzt wäre all dies nicht möglich gewesen ohne die Unterstützung von Freunden und Familie. Ich kann nicht alle nennen, möchte aber zumindest meine Eltern Silvia Oeser und Andreas Günther, meine Großeltern Anita und Siegfried Müller, sowie meine Brüder Denny und Eric Günther erwähnen. Hinzu kommen wichtige weitere Freunde: Ein Dankeschön an Margarethe Bayer, Manuela Lindig, Janine Planert, Christoph Wagner, Marcus Wolf und Theresa Geske – und das nicht nur, weil ihr fleißig gegengelesen habt. Und schließlich danke ich Kalayvan Nadar dafür, dass er mir jeden Tag zeigt, wie schön das Leben ist.

Vielen Dank euch allen!

Dr. Lars Guenther   Stellenbosch, den 24. Mai 2016

Inhaltsverzeichnis

1 Einleitung: Wissenschaftsjournalismus und wissenschaftliche Evidenz

„Perhaps the most common outcome of the scientific process is not facts, but uncertainty" (Friedman, Dunwoody & Rogers, 1999, S. VII).

Wissenschaftsjournalisten[1] berichten über eine Vielzahl an Themen von gesellschaftlicher Relevanz. Werden anerkannte Definitionen betrachtet, dann handelt es sich beim *Wissenschaftsjournalismus* um die journalistische Berichterstattung über Ergebnisse, Institutionen und Prozesse der Bereiche (Natur-)Wissenschaft, Technologie und Medizin (Wormer, 2008). Längst nicht alle Autoren beziehen auch die Berichterstattung über Sozial- und Geisteswissenschaften mit in ihre Definition ein, in einigen Fällen kommt dies aber vor (Göpfert & Ruß-Mohl, 2006; Hömberg, 1992) und das hängt wahrscheinlich auch sehr stark damit zusammen, wie eng oder weit der Begriff *Wissenschaft* überhaupt gefasst wird (Burns, O'Connor & Stocklmayer, 2003; Godfrey-Smith, 2003).

Grundsätzlich gilt, dass nicht alle diese Themen und Bereiche auch die gleiche mediale Aufmerksamkeit erhalten, denn Wissenschaftsjournalisten gehen selektiv vor (Badenschier & Wormer, 2012; Rosen, Guenther & Froehlich, 2016). Die Medizin ist (international) das Hauptberichterstattungsfeld des Wissenschaftsjournalismus[2], gefolgt von biologischen Themen

---

[1] In diesem Buch wird einzig aus Gründen der besseren Lesbarkeit das generische Maskulinum verwendet; dabei sind immer sowohl männliche als auch weibliche Personen(gruppen) gemeint.

[2] Es sei erwähnt, dass einige Autoren den Medizinjournalismus deutlich hervorheben und ihn sogar vom Wissenschaftsjournalismus abzugrenzen versuchen (siehe Ruhrmann und Guenther (2016) oder auch Wormer (2014) für eine Auseinandersetzung mit diesem Thema).

(Bauer & Howard, 2009; Clark & Illman, 2006; Dunwoody, 2008)[3], auf den hinteren Plätzten rangieren einer deutschen Studie zufolge Umwelt, Wissenschaftspolitik und Technologie (Elmer, Badenschier & Wormer, 2008). Noch seltener wird über Themen der Psychologie, Archäologie und Informatik berichtet. Es liegt die Vermutung nahe, dass Leser, Zuhörer und Zuschauer bezüglich der Wissenschaftsberichterstattung am liebsten über medizinische Themen informiert werden möchten (Wormer, 2010), während Wissenschaftsjournalisten denken, dass bspw. Themen aus dem Bereich der Chemie viele Rezipienten eher langweilen könnten (Artz & Wormer, 2011). Deshalb nehmen solche Themen in der medialen Berichterstattung keinen dominanten Platz ein.

Unabhängig vom thematischen Fokus der Wissenschaftsberichterstattung zeigt sich, dass diese Gruppe spezialisierter Journalisten besonders gern über die Ergebnisse aktueller wissenschaftlicher Forschung informiert (Blöbaum, Bonk, Karthaus & Kutscha, 2011; Clark & Illman, 2006; Marcinkowski, Kohring, Friedemann & Donk, 2010). Wann immer Wissenschaftsjournalisten Beiträge über Forschungsergebnisse verfassen, dann werden auch Fragen *wissenschaftlicher Evidenz* relevant, denn Grade wissenschaftlicher Evidenz sind wissenschaftlichen Ergebnissen, ihren Theorien und Methoden inhärent (Ruhrmann, Kessler & Guenther, 2016; vgl. Kapitel 1.2). Welche Vorstellungen Wissenschaftsjournalisten von wissenschaftlicher Evidenz haben, d. h. von der Ungesichertheit und/oder Gesichertheit eines wissenschaftlichen Ergebnisses, und wie sie darüber in ihren Beiträgen im Fernsehen, im Internet, in Tageszeitungen, Magazinen und im Radio berichten, wird zentraler Gegenstand dieses Buches sein.

---

[3] Für die Dominanz medizinischer Themen können mehrere Gründe verantwortlich sein. Diese Themen sind nicht nur für die meisten Rezipienten hochgradig relevant, sondern viele Wissenschaftsjournalisten haben einen medizinischen oder biologischen Hintergrund (siehe Kapitel 1.1.2). Des Weiteren kommt hinzu, dass die Anzahl an Wissenschaftlern und dementsprechend der wissenschaftliche Output in der Medizin am größten ist (siehe bspw. auch Artz und Wormer (2011)).

Aktuell gibt es nur wenige Forschungsergebnisse, die sich mit (Aspekten) dieser Fragestellung beschäftigen (siehe auch Ruhrmann, Kessler & Guenther, 2016). Die für dieses Buch relevanten Forscher stammen vor allem aus den Bereichen Kommunikationswissenschaft, Psychologie und Soziologie (bspw. Ashe, 2013; Corbett & Durfee, 2004; Dixon & Clarke, 2012; Dunwoody, 1997; Jensen, 2008; Jensen & Hurley, 2012; Stocking, 1997; Stocking & Holstein, 2009; Swain, 2007; Zehr, 2000). Obwohl erste Erkenntnisse vorliegen, blieben viele Fragen bisher (jedoch) noch unbeantwortet, was die Wichtigkeit des vorliegenden Buches unterstreicht. Forschungsdesiderata bestehen zudem dahingehend, dass sich bisher wenig theoretisch mit der Darstellung und Wahrnehmung wissenschaftlicher Evidenz durch Wissenschaftsjournalisten auseinandergesetzt wurde und bislang existierende internationale Studien stark auf die Vereinigten Staaten von Amerika und Großbritannien fokussieren.

Ausgehend von einer ausführlicheren Einordnung des Wissenschaftsjournalismus, seiner Bedeutung und seinen Charakteristika, sowie dem Spannungsverhältnis zwischen Wissenschaft, Journalismus und Öffentlichkeit (Kapitel 1.1), wird in dieser Einleitung das Konzept der wissenschaftlichen Evidenz an einem Beispiel und theoretisch vorgestellt (Kapitel 1.2). Da sich der Wissenschaftsjournalismus von anderen Formen des Journalismus unterscheidet, ist diese breite Einleitung notwendig, um den Umgang speziell dieser Berufsgruppe mit wissenschaftlicher Evidenz besser verstehen zu können. Am Ende des ersten Kapitels wird der Aufbau des gesamten Buches skizziert (Kapitel 1.3).

1.1   Wissenschaftsjournalismus

Um den Wissenschaftsjournalismus genauer einzuführen und den Rahmen des Buches aufzuspannen, soll im Folgenden zusammengefasst auf seine Bedeutung (Kapitel 1.1.1), einige seiner Charakteristika (Kapitel 1.1.2) und

das Spannungsverhältnis zwischen Wissenschaft, Journalismus und Öffentlichkeit (Kapitel 1.1.3) näher eingegangen werden.

1.1.1   Bedeutung

Der Wissenschaftsjournalismus ist nicht alt und wird nicht selten als verspä-
tetes Ressort bezeichnet (Bonfadelli, 2006; Hömberg, 1992; Meier & Feldmeier, 2005). Laut Wormer (2008) bildete er sich besonders in der zweiten
Hälfte des 20. Jahrhunderts heraus, in den Vereinigten Staaten von Amerika
ist dies eher in der ersten Hälfte desselben Jahrhunderts zu verorten
(Rensberger, 2009). Wormer (2008) führt die Etablierung wissenschaftlicher
Themen in den Medien besonders auf technologische Entwicklungen und
Katastrophen aber auch auf medizinische Problemstellungen und Lösungen
zurück: die Mondlandung, atomare Unfälle und Katastrophen, Dolly das
Schaf (Stichwort *Klonen*) oder auch die Entschlüsselung des menschlichen
Genoms erlangten hohe mediale Aufmerksamkeit – um nur einige wenige
Beispiele zu nennen.

Noch vor ein paar Jahren war immer wieder von einem Boom des Wissenschaftsjournalismus zu lesen (Clark & Illman, 2006; Meier & Feldmeier,
2005), der aus einer verstärkten Nachfrage auf Seiten des Publikums resul-
tierte und in den 1990er Jahren einsetzte. Der Boom enstand auch generell
daraus, dass der Wissenschaft zunehmende gesellschaftliche Relevanz zugeschrieben wurde (Blöbaum, 2008, vgl. auch Bonfadelli (2006) und Bemer-
kungen zur *Wissensgesellschaft*). So stellen auch Corbett und Durfee (2004)
fest, dass die moderne Gesellschaft als Ganzes vermehrt von neuen wissenschaftlichen Entwicklungen beeinflusst wird und nicht selten auch Politiker
auf wissenschaftliche Expertise zurückgreifen (siehe auch Powell,
Dunwoody, Griffin & Neuwirth (2007)). Zudem lösten wissenschaftliche
Themen in den letzten Jahren auch vermehrt politische und ethische Debatten aus (Meier & Feldmeier, 2005; Rödder & Schäfer, 2010), die öffentlich
diskutiert wurden. Wissenschaftsthemen eroberten so plötzlich die erste

Seite der Tageszeitungen und tauchten in den Hauptnachrichtensendungen des Fernsehens auf.

Elmer, Badenschier und Wormer (2008) kommen in ihrer Untersuchung, in der die Wissenschaftsberichterstattung dreier deutscher Tageszeitungen von 2003/2004 mit jener von 2006/2007 verglichen wird, zu dem erstaunlichen Ergebnis, dass innerhalb dieser kurzen Zeitspanne der Anteil an wissenschaftsbezogenen Artikeln um fast 50% gestiegen ist. Wird nur die generelle Berichterstattung exklusive spezieller Wissenschaftsseiten betrachtet, dann erhöht sich dieser Wert sogar auf 136%. Ergo: Der Wissenschaftsjournalismus in Tageszeitungen zog in sämtliche Berichterstattungsfelder ein und ist heutzutage selbstverständlicher Teil vieler Zeitungen (Albrecht, 2006[a]; Berg, 2005). So bspw. als Hintergrundberichterstattung bei Naturkatastrophen, wie ein Erklärstück zu Tsunamis (wenn dieses aktuell wird).

Hinzu kommen erweiterte und neue Wissenschaftsformate in anderen klassischen Medien wie dem Fernsehen (Albrecht, 2006[b]; Blum, 2010; Lehmkuhl, Karamanidou, Mörä, Petkova, Trench & AVSA-Team, 2012; Milde, 2009; Milde & Ruhrmann, 2006), sowie Print-Magazinen (Kunz, 2006) und speziellen Radioprogrammen (Blumenthal, 2006). Gerade im Fernsehen sind Wissenschaftsformate, auch wenn sie sich zunehmend an Alltags- und weniger an naturwissenschaftlichem Wissen orientieren, sogar zur Hauptsendezeit (*Primetime*) zu finden (Albrecht, 2006[b]). Bonfadelli (2006) bemerkt, dass prinzipiell jedes Thema eines spezifischen Ressorts zu einem Wissenschaftsthema werden kann, denn Wissenschaftsthemen sind Querschnittsthemen (siehe auch Meier & Feldmeier, 2005). Mit dem erwähnten festgestellten Boom geht einher, dass auch die Forschung zunehmend damit begann sich (noch) intensiver mit Wissenschaftsjournalimus und Wissenschaftskommunikation zu beschäftigen.[4]

---

[4] Es sollte dabei aber hinzugefügt werden, dass trotz des Booms des Wissenschaftsjournalismus politischen und wirtschaftlichen Themen stets die höchste Aufmerksamkeit geschenkt wurde, sie dominier(t)en das Tagesgeschäft weit mehr als Wissenschaftsthemen (Badenschier & Wormer, 2012; Blumenthal, 2006).

Für westliche Gesellschaften (Bauer, Howard, Romo Ramos, Massarani & Amorim, 2013; Brumfield, 2009; Williams & Clifford, 2009), und somit zum Teil auch für Deutschland (Lublinski, 2011), ist in den letzten Jahren jedoch häufiger von einer Krise des Wissenschaftsjournalismus zu lesen. Werden Wissenschaftsjournalisten direkt gefragt, dann nehmen auch rund ein Drittel dieser Gruppe die Krise tatsächlich wahr (Bauer & Howard, 2009). Was führt zu dieser Krise? Wissenschaftliche Public Relations (PR) aber auch Angebote im Internet verändern das deutsche Mediensystem seit Jahren spürbar (Merkel & Wormer, 2014; Peters, 2012; Ruß-Mohl, 2013), was sich daran zeigt, dass bspw. Wissenschaftler und (ihre) Institutionen Informationen nicht nur über die Massenmedien sondern auch direkt und kostenlos an das Zielpublikum weitergeben (Artz & Wormer, 2011; Fahy & Nisbet, 2011; Rensberger, 2009). Eine Krise des Wissenschaftsjournalismus wird besonders häufig in den Vereinigten Staaten von Amerika und Großbritannien dokumentiert, weil hier in den letzten Jahren der Anteil der Berichterstattung über Wissenschaft vor allem in Tageszeitungen zurückging. Als Grund wird aber nicht ein fehlendes Interesse des Publikums an diesen Themen, sondern die generelle Krise einiger Medienhäuser angegeben (Cacciatore et al., 2012). Das traditionelle von Werbung und Lesern abhängige Modell scheint, besonders für jüngere Medienrezipienten (Bauer & Howard, 2009; Brumfield, 2009), nicht mehr zu funktionieren: Die Leserschaft von Tageszeitungen geht zurück. Leser, Kommunikatoren und Werbetreibende wandern ins Internet ab. So erreichen Wissenschaftler und wissenschaftliche Institutionen, sowie die Wissenschafts-PR ihr Publikum neuerdings direkt über das Internet (Artz & Wormer, 2011; Rensberger, 2009), wie z. B. über Blogs, direkt bereitgestellte Pressematerialien und auch *social media*-Aktivitäten (wie auf *twitter* oder *Facebook*).

Eine Konsequenz vieler Herausgeber ist es dann, spezialisierte Journalisten, wie eben Wissenschaftsjournalisten, aus ökonomischen Gründen ganz zu entlassen oder Redaktionen zusammenzulegen und radikal umzustrukturieren (Stichwort *Newsroom-Trend*). Diejenigen Journalisten, die zurückbleiben, müssen dann oft unter erhöhtem Zeitdruck die gleichen Aufgaben erfüllen und sind nicht selten überlastet (Fahy & Nisbet, 2011) – als Konsequenz wird dann für Beiträge nicht genug oder gar nicht recherchiert (siehe auch Brumfield, 2009) bzw. werden oft dieselben Experten befragt und zitiert (Ruß-Mohl, 2013): Es kommt zum *Ein-Quellen-Journalismus*, wenn Beiträge mit nur einer zitierten Quelle verfasst werden (Wormer, 2010). Der Zeitdruck könnte auch einer der Gründe sein, warum, wie häufig dokumentiert, Pressematerialien von einigen Journalisten eins zu eins und damit unkritisch abgedruckt werden (Stichwort *churnalism* oder auch *cut and paste journalism*, siehe Mellor, 2015; Williams & Gajevic, 2013).[5] *The weakness of science journalism is the power of science PR* – dieser Satz war in den letzten Jahren häufig zu lesen und wurde viel diskutiert (Bauer et al., 2013; siehe auch Göpfert, 2006[a], 2006[b]).

In einigen Fällen ist der Rückgang des Anteils an Wissenschaftsberichterstattung auch auf das generelle Sterben einiger Medien zurückzuführen (Stichwort *Medienkrise*). Für Deutschland scheint das Bild jedoch nicht so trüb wie für andere Länder, „[even] in times of media crisis most (albeit not all) of […] products [in Germany] do remarkably well in comparison to those in some other countries" (Artz & Wormer, 2011, S. 872). Zudem hat der Anteil an wissenschaftlichen Informationen im Internet, ob nun von Journalisten verfasst oder nicht, in den letzten Jahren bspw. deutlich zugenommen (Brumfield, 2009; Fahy & Nisbet, 2011).

Krise hin oder her, der Wissenschaftsjournalismus als Untersuchungsgegenstand ist deshalb so bedeutend, weil Massenmedien nach wie vor als die wichtigste und häufig auch die einzige Quelle wissenschaftlicher Informationen für Laien[6] nach ihrer formalen Schulbildung gelten (Cacciatore et al., 2012; Schäfer, 2012; Weitkamp, 2010; Wormer, 2011). Und rund 54%

---

[5] Dies beeinflusst sowohl die Qualität als auch die Unabhängigkeit des Journalismus und führt grundsätzlich zu einer zu unkritischen Berichterstattung. Bemerkt werden sollte aber, dass Medien und damit auch der Wissenschaftsjournalismus in einigen Staaten auch expandieren, wie dies bspw. in einigen asiatischen Ländern der Fall ist (Bauer & Howard, 2009).
[6] Das Laienpublikum, als sehr weiter Begriff, bezeichnet Personen, die als Nicht-Experten in einem bestimmten Gegenstandsbereich gelten (Burns, O'Connor & Stocklmayer, 2003).

der deutschen Bevölkerung sind grundsätzlich interessiert an diesen Themen (European Commission, 2013). Deshalb beeinflusst gerade die massenmediale Berichterstattung über Wissenschaft hauptsächlich wie Laien über Wissenschaft, ihre Prozesse, Ergebnisse und Maßnahmen denken, welche Einstellungen sie ausbilden und zum Teil auch, wie sie sich verhalten (Guenther, Froehlich, Milde, Heidecke & Ruhrmann, 2015[a]; Ho, Scheufele & Corley, 2010, 2011; Wormer, 2011). Hinzu kommt, dass je mehr wissenschaftliche Erkenntnisse gewonnen und je mehr neue Technologien entwickelt werden, und das ist ein normaler Prozess unserer Gesellschaft, desto mehr wird auch von Bürgern verlangt, diese neuen Entwicklungen zu verstehen und anzuwenden (Ashe, 2013). Medien nehmen bei der Vermittlung eine zentrale Rolle ein (Milde, 2009).

Massenmedien gelten grundsätzlich immer dann als besonders einflussreich, wenn Rezipienten noch keine Meinungen und Einstellungen ausgebildet haben, wie es bei der Berichterstattung über neue wissenschaftliche Erkenntnisse, Technologien und Anwendungsmöglichkeiten häufig der Fall ist (Cacciatore et al., 2012; Corley, Kim & Scheufele, 2011; Dudo, Dunwoody & Scheufele, 2011). So erfahren Laien von neuen Therapiemöglichkeiten in medizinischen Feldern nicht von ihrem Arzt, sondern vorzugsweise und immer öfter aus dem Fernsehen (European Commission, 2013). Das sei deshalb so betont, weil unter den verfügbaren Medien das Fernsehen die Hauptquelle wissenschaftlicher Informationen für Laien darstellt (siehe auch Wormer, 2011) und deutsche Fernsehsender im internationalen Vergleich auch am meisten Sendezeit für wissenschaftliche Themen zur Verfügung stellen (Lehmkuhl et al., 2012). Medien sind aber auch dann sehr einflussreich, wenn Rezipienten keinen direkten Kontakt zu Sachverhalten haben, bzw. wenn etwas nicht unmittelbar erfahrbar ist. Das ist bspw. bei wissenschaftlichen Themen wie dem Klimawandel der Fall (Corbett & Durfee, 2004).

Aus den angeführten Gründen wird ersichtlich, wie relevant der Wissenschaftsjournalismus als Untersuchungsgegenstand ist. Das ist er nicht nur aus der Perspektive, dass er eine antizipierte Wirkung auf Laien hat, sondern auch weil er sich in einigen Merkmalen von anderen Formen des Journalismus, wie bspw. der Politikberichterstattung, deutlich unterscheidet.

1.1.2   Charakteristika

Weil sich Wissenschaftsjournalisten zum Teil in ihren Persönlichkeitsmerkmalen, aber auch in ihren Arbeitsroutinen von ihren Kollegen unterscheiden und nicht selten nur ein bestimmtes Publikum ansprechen, entstehen spezifische Charakteristika des Wissenschaftsjournalismus. Deshalb sollen nachfolgend persönliche Interessen, journalistische Rollenbilder, Nachrichtenfaktoren, Quellen und Persönlichkeitsmerkmale von Wissenschaftsjournalisten im Mittelpunkt stehen. Der Überblick dient der Einordnung des Wissenschaftsjournalismus.

So formuliert Wormer (2008) die Vermutung, dass ein persönliches Interesse an Medizin, das viele Wissenschaftsjournalisten haben, einer der Gründe ist, warum die Medizinberichterstattung das Feld des Wissenschaftsjournalismus dominiert. Hierbei wird der Einfluss persönlicher Präferenzen deutlich. Zudem zählt der Wissenschaftsjournalismus zu den positivsten Berichterstattungsformen im Journalismus überhaupt, denn nur in wenigen Fällen ist ein Beitrag negativ (Elmer, Badenschier & Wormer, 2008). Dies ist auch darauf zurückzuführen, dass der Anlass der Berichterstattung nicht selten ein wissenschaftlicher Durchbruch ist, der medial gefeiert wird (Stichwort *gee-whiz*-Berichterstattung; Elmer, Badenschier & Wormer, 2008; Rensberger, 2009) oder weil der Fokus mehrheitlich auf den Vorteilen neuer Technologien, Therapien und anderen Anwendungsmöglichkeiten liegt. Diese Feststellung blieb nicht ohne Kritik: Oft wurde festgehalten, dass diese Gruppe spezialisierter Journalisten zu unkritisch sei und mehrfach im Dienste der Wissenschaft schreibe (Jensen, 2008; Nelkin, 1995; Wormer, 2008), bzw. dass Journalisten ihren Quellen eigentlich viel zu nahe stehen und so nicht objektiv (genug) sein könnten (Rensberger, 2009; Williams & Gajevic, 2013). Auf die Kritik am zu unkritischen Rollenbild des

Wissenschaftsjournalisten soll im nächsten Kapitel (1.1.3) noch näher eingegangen werden.

Werden Wissenschaftsjournalisten selbst gefragt, geben sie mehrheitlich
an, ihr Publikum neutral informieren zu wollen (Amend & Secko, 2012;
Bauer et al., 2013), des Weiteren wollen sie komplexe Sachverhalte erklären
und vermitteln; sie sehen sich weniger stark als Kritiker (Blöbaum, 2008).
Einige geben aber ihre Rolle auch so an, dass sie gern bilden und unterhal-
ten, oder bspw. gegen Mythen der Wissenschaft vorgehen wollen.[7] Diese
Rollen ändern sich etwas mit den in Kapitel 1.1.1 angesprochenen Trends:
Es wird angenommen, dass Journalisten heute vielfältige Rollen vereinen
müssen, auch je nach dem für welches Medium bzw. welche Ausgabe (online oder nicht) sie gerade arbeiten (Fahy & Nisbet, 2011).

Ruhrmann (1997) vermutet, dass Wissenschaftsjournalisten eigene professionelle Nachrichtenfaktoren ausgebildet haben, die sie einem Ergebnis
zuschreiben, um dessen Relevanz zu verdeutlichen und die Publikation zu
legitimieren.[8] Dazu zählt unter anderem, dass kurzfristige Ereignisse gegenüber länger-anhaltenden Prozessen präferiert werden, dass ein Ereignis simplifiziert dargestellt werden kann, dass es eine Überraschung beinhaltet, dass
wissenschaftliche Eliten (wie Gewinner des Nobelpreises) beteiligt sind oder
auch, dass Quantitäten (wie Diagramme) vermittelt werden können.
Dunwoody (2008) vermutet zudem, dass Neuigkeit und Konflikt wichtige
Nachrichtenfaktoren seien.

Empirisch haben Badenschier und Wormer (2012) Nachrichtenfaktoren im Wissenschaftsjournalismus untersucht: In qualitativen Interviews
gaben Journalisten an, dass sie besonders Ereignisse, die nicht zu erwarten
waren, die viele Menschen betreffen (Reichweite) und hoch relevant für das
Publikum sind, für publikationswürdig halten. Hinzu kommt, dass eine hohe

---

[7] Journalisten können hierbei grundsätzlich mehrere Rollen unterschiedlich stark ausfüllen.
[8] Auch Artz und Wormer (2011) bemerken, dass traditionelle Nachrichtenfaktoren eher
weniger geeignet scheinen, die Arbeitsroutinen von Wissenschaftsjournalisten zu beschreiben. Es werden deshalb Analysen durchgeführt, um die spezifischen Nachrichtenfaktoren
des Wissenschaftsjournalismus zu explorieren.

Varianz an Themen in den Medien erreicht werden soll. Relevanz und Neuigkeitswert waren auch die wichtigsten Nachrichtenfaktoren, die in einer anderen qualitativen Untersuchung mit deutschen Wissenschaftsjournalisten genannt wurden, hinzu kommt der Anwendungsbezug eines wissenschaftlichen Ergebnisses (Guenther & Ruhrmann, 2013; siehe auch Rosen, Guenther & Froehlich, 2016). Hodgetts, Chamberlain, Scammel, Karapu und Waimarie Nikora (2008) benennen zudem Aktualität und, ebenfalls, Relevanz. Dabei zeigt sich, dass klassische Nachrichtenfaktoren (wie jene, die von Galtung und Ruge (1965) erstmals genannt und dann weiterentwickelt wurden (Maier, Stengel & Marschall, 2010; Schulz, 1976; Staab, 1990)) teilweise gelten, aber um genuine Faktoren des Wissenschaftsjournalismus erweitert werden müssen.

Wissenschaftler und ihre Publikationen waren und sind die wichtigsten Quellen des Wissenschaftsjournalisten (Bauer et al., 2013). Hierbei sind vor allem die beiden Zeitschriften *Science* und *Nature* zu nennen (Schäfer, 2012). Hinzu kommt der verstärkte Einfluss wissenschaftlicher PR, der über die letzten Jahre festgestellt wurde (Göpfert, 2006[b]). Er resultiert unter anderem aus der bereits angesprochen Krise des Wissenschaftsjournalismus und geht ebenso mit Entwicklungen wie jener der Medialisierung (siehe nachfolgend) einher. Wissenschaftsthemen werden aber nicht in allen Fällen nur vom Wissenschaftssystem initiiert. Journalisten suchen auch selbst aktiv (und investigativ) nach eigenen Themen (Elmer, Badenschier & Wormer, 2008) oder erhalten Hinweise von Freunden und Kollegen. Dabei zeigt sich häufiger, dass eine Orientierung am Publikum, an dessen Wünschen und Erwartungen, oft ausschlaggebend dafür ist, wie Themen ausgewählt und dargestellt werden (Göpfert, 2006[a], 2006[b]; Guenther & Ruhrmann, 2013). Wissenschaftsjournalisten berichten im Dienste ihres Publikums.

Zu den spezifischen Charakteristika und Eigenschaften (deutscher) Wissenschaftsjournalisten zählt unter anderem, dass diese professionelle Berufsgruppe häufig einen biologischen (naturwissenschaftlichen) oder medizinischen Studienhintergrund hat (Artz & Wormer, 2011). Es handelt sich um hochgradig akademisch gebildete Professionelle, viele dieser spezialisierten Journalisten haben einen Doktortitel (Blöbaum, 2008; Göpfert, 2006[a]; Meier & Feldmeier, 2005). Wissenschaftsjournalisten sind häufig Männer und zwischen 21 und 44 Jahren alt (Bauer et al., 2013). Der Anteil der Wissenschaftsjournalisten unter den Journalisten in Deutschland liegt je nach Definition (enger oder weiter) in etwa zwischen 4,5 bis 6,4%; es handelt sich zudem oft um freie Journalisten (Blöbaum, 2008). Dies geht mit der Tatsache einher, dass im Output rund 3 bis 5% der Berichterstattung Wissenschaftsthemen sind (Bonfadelli, 2006). Es handelt sich demnach um ein wichtiges Ressort des Journalismus, das allerdings in Quantitäten eher zu den weniger bedeutenden zählt (Dunwoody, 2008). Göpfert und Ruß-Mohl (2006) nennen es Kleinressort.

An der öffentlichen Kommunikation über Wissenschaft nehmen jedoch nicht nur Journalisten teil; Journalisten verwenden Quellen und richten sich an ein Publikum. Das Zusammenspiel verschiedener Akteursgruppen in der öffentlichen Wissenschaftskommunikation[9] wurde häufig als Spannungsverhältnis bezeichnet.[10] Deshalb ist es für eine Einordnung des Wissenschaftsjournalismus unabdingbar, dieses ebenfalls kurz vorzustellen.[11]

1.1.3   Wissenschaft, Journalismus und Öffentlichkeit

Vereinfacht ausgedrückt, nehmen an der öffentlichen Kommunikation über Wissenschaft drei verschiedene Akteursgruppen teil (siehe Abbildung 1).

---

[9] Wissenschaftskommunikation lässt sich nach Burns, O'Connor und Stocklmayer (2003) definieren als die Anwendung angemessener Fähigkeiten, Medien, Aktivitäten und Dialoge um auf Wissenschaft aufmerksam zu machen, um affektive Reaktionen hervorzurufen, Interesse zu schaffen, oder Meinungen/Einstellungen zu bilden und Verständnis zu fördern. Dies involviert verschiedene Akteursgruppen.
[10] Es finden sich auch andere Bezeichnungen in der Literatur um das Verhältnis von Wissenschaft, Medien und Öffentlichkeit zu beschreiben, so wie Distanz, Lücke, Barriere oder auch Mauer (Peters, 2013).
[11] Das Spannungsverhältnis könnte daraus resultiert, dass zwei Systeme, das heißt Wissenschaft und Journalismus/Massenmedien aufeinandertreffen (siehe bspw. Bonfadelli, 2006).

Das sind, erstens, die Kommunikatoren, die etwas über Wissenschaft, wissenschaftliche Ergebnisse und Prozesse zu sagen haben, wie bspw. Wissenschaftler, Angestellte der Wissenschafts-PR, zum Teil aber auch Politiker mit Verweis auf diese Themen. Diese Gruppe von Akteuren sind die Quellen der, zweitens, Wissenschaftsjournalisten, die massenmediale Beiträge verfassen, um, drittens, ein Publikum zu erreichen, das vorrangig aus wissenschaftlichen Laien besteht. Da dies der gewöhnliche Kommunikationsweg ist, sind die Linien in Abbildung 1 durchgezogen. Das Laienpublikum kann aber auch direkt Informationen von den Kommunikatoren erhalten. Wichtig ist, dass Laien die Informationen, die sie rezipieren, selektiv verarbeiten und bewerten und potentiell auch Feedback bereitstellen können, sowohl zu Journalisten als auch zu den eigentlichen Kommunikatoren (siehe auch Maier, Milde, Post, Guenther, Ruhrmann & Barkela, 2016). Die zuletzt angesprochenen Kommunikationswege kommen seltener vor, deshalb sind sie in der Abbildung als nicht-durchgezogene Pfeile dargestellt.

Abbildung 1:   Akteure der öffentlichen Wissenschaftskommunikation

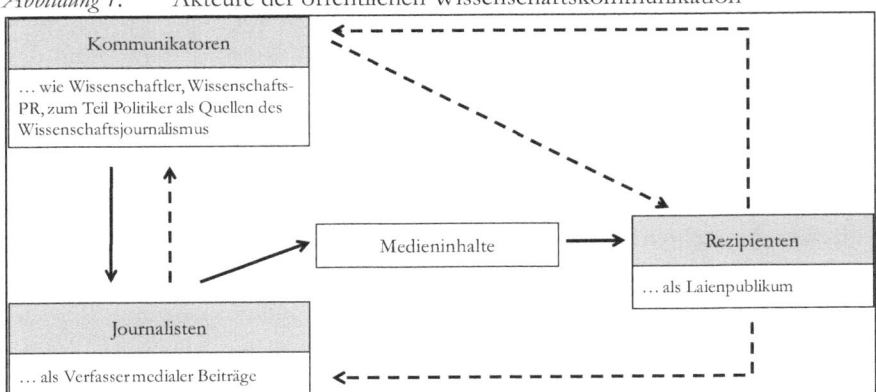

Oft ist zu lesen, dass zwischen Wissenschaftlern, Journalisten und Laien eine Informations- und Wissensasymmetrie bezüglich wissenschaftlichem Verständnis und verwendeter wissenschaftlicher Begriffe und Verfahren existiert (siehe auch Kessler, Guenther & Ruhrmann, 2014). Zudem ist zu

bedenken, dass sich Journalisten und Wissenschaftler, gerade weil es sich um Akteure verschiedener Bezugsgruppen handelt, klassischerweise an unterschiedlichen Kriterien orientieren (bspw. Nachrichtenfaktoren im Journalismus vs. Gütekriterien in der Wissenschaft; vgl. auch Rödder (2016) für eine systemtheoretische Betrachtung von Organisationen). So kann eine Einschätzung dessen, was als berichtenswert gilt, sich sehr zwischen beiden Akteursgruppen unterscheiden (Badenschier & Wormer, 2012).

> „[…] [Scientists] tend to consider research findings newsworthy only after they are endorsed by peers through replication, confirmation, and peer review. Journalists, however, may have less interest in findings by the time they reach this stage of review, and consider fresh, dramatic, and possibly tentative research findings newsworthy", (Geller, Bernhardt, Gardner, Rodgers & Holtzmann, 2005, S. 198).

Hinzu kommt, dass Wissenschaftler ihre eigene Fachsprache verwenden, Journalisten jedoch eher an Massen und damit an einfacher Sprache orientiert sind (Bonfadelli, 2006; Peters, 2013; Schneider, 2010). Wissenschaftler beschweren sich zudem zum Teil über die fehlende Akkuratheit der Wissenschaftsberichterstattung, die ihnen zusätzlich zu oft auf Sensationen fokussierend erscheint (Petersen, Anderson, Allan & Wilkinson, 2009). Und das trotz der Tatsache, dass viele Wissenschaftler die persönlichen Kontakte zu Journalisten positiv einschätzen (Hinnant & Len-Ríos, 2009; Peters, 2013; Peters, Brossard, de Cheveigné, Dunwoody, Kallfass, Miller & Tsuchida, 2008) und sie den Kontakt zu Medien als Bestandteil ihrer Rolle als Wissenschaftler betrachten (Peters, Allgaier, Dunwoody, Lo, Brossard & Jung, 2013).[12] Einer aktuellen Studie zufolge schätzen Wissenschaftler Medienkontakte vor allem dann, wenn ihnen dadurch organisationsbedingt Reputation verliehen wird und sie ihre Forschung legitimieren können (Allgaier, Dunwoody, Brossard, Lo & Peters, 2013) oder neue Forschungsgelder ak-

---

[12] Das war übrigens nicht immer so. Die Öffentlichkeit wird erst in letzter Zeit (wieder) zunehmend wichtiger für Wissenschaftler (siehe Beschreibungen der Medialisierung in diesem Unterpunkt und Rödder und Schäfer (2010)). Katalysatoren der zunehmenden Medienorientierung sind sicherlich die Forschungsorganisationen hinter den Wissenschaftlern, zum Teil aber auch die Journals, in denen veröffentlicht wird (Peters, 2013).

quirieren können (Koh, Dunwoody, Brossard & Allgaier, 2016). Medienberichterstattung über einen Fachzeitschriftenbeitrag kann sich zudem positiv
auf die Zitation dieses Beitrags in anderen Aufsätzen auswirken (im Überblick siehe Koh et al., 2016). Nichtsdestotrotz fürchten Wissenschaftler
Fehlinterpretationen und inakkurate Berichterstattung, die bspw. entstehen
kann, weil Journalisten bestimmte Informationen auslassen und andere zu
stark betonen (Corley, Kim & Scheufele, 2011; Stichwort *Framing*, siehe
Kapitel 2.2.3).

Sehr lang wurde angenommen, und diese Forderung stammte vor allem
von Wissenschaftlern und Politikern, dass Wissenschaftsjournalisten das
Laienpublikum erziehen und aufklären sollten, um so deren Kenntnisstand
(Stichwort *scientific literacy*) zu erhöhen (Bauer, 2009; Burns, O'Connor &
Stocklmayer, 2003; Nisbet & Scheufele, 2009). Angesprochen wird damit,
dass erwartet wurde, Wissenschaftsjournalisten sollten Erkenntnisse in die
Öffentlichkeit transportieren und die Akzeptanz der Wissenschaft sichern
(siehe Kohring, 2004, 2005; Rensberger, 2009). Historisch später richtete
sich der Fokus mehr auf Einstellungen zu Wissenschaft und Technologie
(Stichwort *attitudes towards science and technology*). Diese sollten durch massenmediale Berichterstattung positiver werden – die Grundidee, dass es ein
öffentliches Defizit gäbe, das es zu überwinden gelte, blieb im *public understanding of science*-Konzept trotzdem bestehen.[13] *To know science is to love it* war
das Stichwort (siehe auch Bauer, Allum & Miller, 2007). Die Wissenschaft
saß hierbei im Elfenbeinturm: Wissenschaftsberichterstattung sollte dienlich
sein, popularisieren und nur eine Vermittlerrolle erfüllen, so dass Laien zu
ähnlichen Schlussfolgerungen wie Wissenschaftler selbst gelangen (Bonfadelli, 2006; Nisbet & Scheufele, 2009).[14] Zudem wurde angenommen, dass

---

[13] Das Defizit liegt demnach entweder im Wissensstand oder im zu wenig positivem Bild von
Wissenschaft, das Laien attestiert wird (Bauer, 2009). Das Defizitmodell „characterized the
public as having inadequate knowledge, and science as having all the required knowledge",
(Burns, O'Connor & Stocklmayer, 2003, S. 189).
[14] Und sollte die Bevölkerung zu anderen Schlussfolgerungen kommen und die Wissenschaft
nicht akzeptieren, dann müsse das an Journalisten und/oder der irrationalen Bevölkerung
liegen (Nisbet & Scheufele, 2009). Popularisierung meint, dass wissenschaftliche Erkenntnis-

je gebildeter eine Bevölkerung und je positiver deren Einstellungen zur Wissenschaft sei, desto mehr Unterstützung würde es für die öffentliche Finanzierung von Wissenschaft geben – diese Finanzierung müsse gesichert sein, weil sie Innovation, Fortschritt und das Funktionieren der demokratischen Gesellschaft sichere (Besley, 2013; Guenther & Weingart, 2016; Maeseele, 2007).

Diese Annahme sorgte überhaupt erst für die ersten Forschungsarbeiten in diesem Bereich. Sie beruht auf der generellen Feststellung, dass (westliche) Gesellschaften im späteren 20. Jahrhundert der Wissenschaft gegenüber zunehmend kritischer und skeptischer wurden und die Bereitschaft für ihre Unterstützung zurückging. Dies musste verhindert werden. Die Grundthese war deshalb, dass mehr Bildung der Bevölkerung in positiveren Einstellungen resultieren würde und dies dann auch in bereitwilligerer Unterstützung der Wissenschaft. Die Annahmen konnten nicht zweifelsfrei bestätigt werden (Guenther & Weingart, 2016; Maeseele, 2007; Nisbet & Scheufele, 2009). So zeigte sich bspw. für Deutschland, dass in postindustriellen Gesellschaften Skeptizismus grundsätzlich zunimmt, auch wenn die Bevölkerung zunehmend gebildeter ist (Durant, Bauer, Gaskell, Midden, Liakopoulos & Scholten, 2000).

Zudem stellt das Defizitmodell einen einseitig gerichteten Informationsfluss von der Wissenschaft über die Massenmedien an Rezipienten dar (Maeseele, 2007). Unter dieser Logik werden Journalisten, wie bereits betont, als Berichterstatter im Dienst der Wissenschaft wahrgenommen. Aus der Vergangenheit wissen wir, dass unter diesem Modell bspw. auch Angaben über Ungesichertheit verschwiegen wurden, damit die Wissenschaft als frei von Zweifeln erscheint und ihre Autorität bewahren kann und das Publikum nicht verunsichert oder verängstigt wird (Jensen, 2008; Miles & Frewer, 2003). Dass diese Art der Kommunikation wenig erfolgreich war, zeigt sich par exemple an den von Experten und Nicht-Experten geführten

---

se in Massenmedien vereinfacht, auf Sensationen fokussiert und pädagogisch zugeschnitten vermittelt werden (Peters, 2013).

Diskussionen über gentechnisch veränderte Lebensmittel oder auch die Biotechnologie. Gerade die Tatsache, dass hier keine offene und transparente Kommunikation stattfand und Bürger zu spät über Risiken informiert wurden, wird als Grund für weitreichend öffentliches Misstrauen gegenüber der Wissenschaft und Wissenschaftspolitik angesehen (Maeseele, 2007; Petersen et al., 2009; Rogers-Hayden & Pidgeon, 2007). Diese Fehler sollen zukünftig vermieden werden (Burri, 2009).

Die Argumentation stimmt mit einem neuen Ansatz überein, der sich seit den späten 1990er Jahren etabliert hat, sei es durch einen andauernd verspürten Legitimationsbedarf der Wissenschaft oder nicht (Bonfadelli, 2006). Der Ansatz ist jener des *public engagement with science* (auch *upstream engagement* oder *science and society*; Bauer, 2009). Aus Sicht von Politik, Nichtregierungsorganisationen (NGOs) und Wissenschaft beinhaltet dieses Konzept nun eine offene und transparente Kommunikation über Wissenschaft und neue Technologien, die bereits in einem frühem Stadium der technologischen Entwicklung einsetzt und den Schwerpunkt auf den Dialog mit der Öffentlichkeit legt und die Öffentlichkeit auch in Entscheidungsprozesse integriert (Kurath & Gisler, 2009; Petersen et al., 2009; Rogers-Hayden & Pidgeon, 2007; Ruhrmann & Guenther, 2014ᵃ). Effektive Wissenschaftskommunikation – unter dieser Betrachtung – „requires initiatives that sponsor dialogue, trust, relationship, and public participation across a diversity of social settings and media platforms", (Nisbet & Scheufele, 2009, S. 1767).

Dies schließt auch eine öffentliche Aufklärung über wissenschaftliche Ungesichertheit ein (Maeseele, 2007; Retzbach, Otto & Maier, 2015). Hintergründiger Gedanke hierbei ist, dass aus Transparenz heraus Vertrauen entstehe und dieses Vertrauen der Garant für mehr öffentliche Akzeptanz sei (Ebeling, 2008). Wünschenswert sei es demnach, dass Wissenschaftler und andere Kommunikatoren Ergebnisse offen vermitteln und dies dann auch positive Auswirkungen auf den Journalismus hat, unter anderem in Form einer transparenten Berichterstattung. Die Forderung, übersetzt, ist demnach, dass Wissenschaftsjournalisten evidenzsensibel berichten sollen (siehe auch Ruhrmann, Kessler & Guenther, 2016).

Evidenzsensibel meint, dass Journalisten die wissenschaftliche Evidenz eines Forschungsergebnisses nicht über- oder unterrepräsentieren, sondern sowohl auf die gesicherten Erkenntnisse als auch auf Vorläufigkeiten, Forschungslücken, sowie eventuell kontroverse Meinungen, soweit sie bestehen, eingehen (Rowan, 1999; Schneider, 2010) und somit eine *qualitativ hochwertige Berichterstattung* präsentieren, die offen und transparent ist.[15]

Es soll demnach getrennt werden nach belegten (Einzel-)Fakten und ungesicherten Aussagen und Prognosen (Koch, 2012). Der Deutsche Presserat (2015) widmet dem Medizinjournalismus sogar eine eigene Ziffer um Aufmerksamkeit auf dieses Thema zu lenken. Dort steht, dass sensationelle Darstellungen zu vermeiden sind und dass „Forschungsergebnisse, die sich in einem frühen Stadium befinden, […] nicht als abgeschlossen oder nahezu abgeschlossen dargestellt werden [sollten]" (Presserat 2015, S. 10) – hier wird demnach unmittelbar der journalistische Umgang mit (un)gesichertem Wissen angesprochen. Zudem konstatieren einige Wissenschaftler in ihren Arbeiten, dass der Wissenschaftsjournalismus nicht weiter im Dienste der Wissenschaft berichten und popularisieren solle, sondern diesem System kritischer gegenübertreten (Kohring, 2004; Lehmkuhl et al., 2012) und sich verstärkt an journalistischen und damit außerwissenschaftlichen Kriterien orientieren sollte. Wenn wissenschaftliche Ergebnisse nicht wie bislang häufig nur popularisiert werden, dann besteht die Chance, dass sie anhand evidenzrelevanter Informationen kritisch diskutiert werden. Journalisten

---

[15] Dem Autor ist bewusst, dass hierbei eher wissenschaftliche als journalistische Kriterien angelegt werden; dies wird in Kapitel 4 noch diskutiert. Es sei zudem auf das Medien-Doktor Projekt der Technischen Universität Dortmund (bspw. Anhäuser & Wormer, 2012) verwiesen, in dem die akkurate Darstellung von Evidenz ebenfalls als Qualitätskriterium verstanden wird. Koch (2012) bemerkt, dass Zeit- und Platzmangel nicht mit einem Qualitätsverlust des Journalismus einhergehen müssen.

haben demnach ihre Quellen und die ihnen zur Verfügung gestellten Pressematerialien grundsätzlich kritisch zu hinterfragen. In diesem Zuge wäre es dann auch wichtig, dass Wissenschaftler und andere wissenschaftliche Kommunikatoren anerkennen, dass der Journalismus eigene, interne und vor allem andere professionelle Normen und Werte ausgebildet hat.

Folgen wir den Grundaussagen der *Medialisierung* der Wissenschaft, dann lässt sich vermuten, dass eine solche Anerkennung zumindest zum Teil stattfindet oder zukünftig stattfinden wird. Medialisierung der Wissenschaft ist ein weiteres Schlagwort, das über die vergangene Jahre häufig zu lesen war. Darunter fällt laut Weingart (2005, 2012) die Medienorientierung wissenschaftlicher Institutionen – aus einem Legitimationsdruck heraus suchen Wissenschaftler die Öffentlichkeit und passen sich in ihrem Handeln verstärkt der Medienlogik an (bspw. ihre Aufmerksamkeitstempi), um mehr mediales Gehör zu erreichen. Grundsätzlich konkurriert die mediale jedoch mit der genuin wissenschaftlichen Logik (siehe auch Peters et al., 2013). Medialisierung sei eine Folge der enger werdenden Kopplung der Wissenschaft mit ihrer gesellschaftlichen Umwelt.

In den letzten Jahren, so liest man, setzten einige Trends ein, die die Medialisierung vorantreiben würden. Wissenschaftler erhalten zunehmend ein spezielles Training um besser mit Medien und der Öffentlichkeit kommunizieren zu können. Zudem haben Universitäten über die letzten Jahre eigene PR-Abteilungen eingerichtet (Rödder & Schäfer, 2010), die nach außen kommunizieren.

„Based on the belief that visibility in the media helps secure societal support and legitimacy, attracts the attention of sponsors, and increases competitiveness in 'markets' for students, patients and research and development contracts, public relations on the part of scientific organizations have become part of the strategic management of these organizations", (Peters, 2013, S. 14106).

Medialisierung äußert sich auch dadurch, dass einige Wissenschaftler die Wichtigkeit ihrer medialen Präsenz einschätzen (bspw. auf die öffentliche Meinungsbildung; Koh et al., 2016) und diese zunehmend suchen. Sie äußert sich aber auch darin, dass Wissenschaftler, wenn nicht die PR-Organisa-

tionen hinter den Wissenschaftlern, von der Selektion der Wissenschaftsjournalisten und ihren Kriterien wissen und diese geschickt für sich nutzen
(Peters et al., 2013; Weingart, 2012) – wie bspw. eine dominante Darstellung
wichtiger Nachrichtenfaktoren in Pressematerialien.[16] Als Beleg für die
Medialisierung gilt bspw. auch, dass der quantitative Anteil der Wissenschaftsberichterstattung in den Massenmedien zunahm (Elmer, Badenschier
& Wormer, 2008) oder dass Debatten erwähnt und journalistische Beiträge
diversifizierter werden, indem bspw. ethische und moralische Fragen thematisiert werden (siehe Rödder & Schäfer, 2010).[17] Zusätzlich entstanden in
den letzten Jahren neue Formen, wie jene des *Infotainments*[18] – inwieweit
solche Formate positiv für das Wissenschaftssystem sind und tatsächlich zu
einem besseren öffentlichen Wissenschaftsbild führen, wird jedoch kritisch
hinterfragt (Weingart, 2005). Wichtig ist, dass alle angesprochenen Prozesse,
die Medialisierung ebenso wie die Forderung eines kritischeren Journalismus
und Ideen des public engagement with science, zu einem Wandel des Wissenschaftsjournalismus führen (können), der auch die Darstellung von Aspekten wissenschaftlicher Evidenz potentiell beeinflussen kann.

Die bisherigen Kapitel haben versucht, den Wissenschaftsjournalismus
vorzustellen, einzuordnen und aufzuzeigen, in welchem Spannungsverhältnis sich Kommunikatoren, Journalisten und die Öffentlichkeit befinden.
Damit ist der Rahmen des vorliegenden Buches gegeben. Viele offene
Untersuchungsfragen können nun angelegt werden. Die Frage wie Journalisten mit wissenschaftlicher Evidenz umgehen, ist dabei eine überaus zentrale,
wie im folgenden Kapitel erörtert wird.

---

[16] Wie Weingart (2005, 2012; siehe auch Koh et al., 2016) befürchtet, könnte die wissenschaftliche Autonomie verloren gehen, wenn sich zu stark am medialen Interesse orientiert
wird, vor allem dann wenn öffentliche/mediale Repräsentation von Wissenschaft Rückwir-
kungen auf das Wissenschaftssystem (wie die Forschungspraxis) haben. Prozesse der
Medialisierung werden also grundsätzlich kritisch gesehen.
[17] Dies gilt nicht für alle wissenschaftlichen Themen und nur in bestimmten Phasen, so
genannten *Medialisierungsphasen* (Rödder & Schäfer, 2010).
[18] Infotainment beschreibt die Verbindung zwischen Informationen und Unterhaltung.

1.2   Wissenschaftliche Evidenz

Ein prototypisch ausgewähltes Beispiel: Im November 2013 veröffentlichte eine große deutsche Wochenzeitung auf ihrer Print-Wissenschaftsseite einen Artikel über neueste Erkenntnisse aus dem Bereich der Nanotechnologie. Im Text werden vor allem die Vorteile und Anwendungsmöglichkeiten dieser Technologie herausgestellt: Sie beinhalte Verbesserungspotential für die Lebensmittelindustrie, besonders bei Fragen der Verpackung von Lebensmitteln: So kann die Nanotechnologie bspw. helfen, dass der Inhalt einer Tütensuppe zukünftig beim Öffnen bis zum letzten Bestandteil einfach aus der Verpackung rieselt und keine Reste zurückbleiben. Bei den Vorteilen handelt es sich um Zukunftsszenarien von denen nicht klar ist, ob und wann sie eintreten. Dennoch behandelt der Artikel sie als wissenschaftliche Fakten, als gesicherte Erkenntnisse, und das, obwohl in der deutschen Sprache der Konjunktiv nützlich sein kann, um Zukunftsvisionen darzustellen. Auf Leser, die wie behandelt eben oft wissenschaftliche Laien sind, muss dieser Artikel demnach so wirken, als sei die Nanotechnologie eine vielversprechende und unbedenkliche neue Technologie. Nur wenn die Leser diesen Artikel bis zum Ende lesen, erfahren sie in einem Halbsatz noch kurz, dass es doch einige Ungesichertheiten gibt: Es fehlen Daten um klare Aussagen darüber anzustellen, wie sich (synthetische) Nanopartikel generell und im menschlichen Körper verhalten. Das könnte ein Risiko für Mensch und Umwelt darstellen.

Dieses kurze Beispiel verdeutlicht die Wichtigkeit von Angaben darüber, wie gesichert oder ungesichert ein wissenschaftliches Ergebnis einzuschätzen ist, um die Relevanz eines Themas bewerten zu können. Wichtiger werden solche Angaben wenn es um konkrete Verhaltensentscheidungen geht: Entscheidet sich eine Person bspw. für oder gegen eine bestimmte Therapieform, wenn Langzeiteffekte nicht abzuschätzen sind? Damit ist das Konzept der wissenschaftlichen Evidenz angesprochen, das, wie bereits erwähnt, wissenschaftlichen Ergebnissen, ihren Theorien und Methoden inhärent ist und im Folgenden definiert wird.

Weit definiert bedeutet *Evidenz* zunächst Beleg, Beweis oder auch Nachweis (Jenicek, 2001). Grundsätzlich ist wissenschaftliche Evidenz bzw. Evidenzbasierung eine relevante Entscheidungsgrundlage im Wissenschaftsbetrieb (Bromme, Prenzel & Jäger, 2014; Jensen, 2008). Je nach methodischen Anforderungen und Standards in Design, Durchführung und Auswertung werden Studienergebnisse als wissenschaftlich eher gesichert oder eher ungesichert eingeschätzt (Ruhrmann, Kessler & Guenther, 2016).[19]

Deshalb wird *wissenschaftliche Evidenz* in der vorliegenden Arbeit definiert als wissenschaftliche Belegkraft auf einem Kontinuum mit den Polen Ungesichert und Gesichert, auf dem sich wissenschaftliche Resultate einordnen lassen.

Eine solche Definition impliziert, dass es verschiedene Grade an Belegkraft gibt: Einige Forschungsergebnisse sind gesicherter als andere (GRADE Working Group, 2004), oder anders ausgedrückt: Wissenschaftliche Ergebnisse sind immer mehr oder weniger stark evident (Ruhrmann, Guenther,

---

[19] Es geht dabei nicht um die generelle Unsicherheit, die ein Individuum bspw. durch Nicht-Wissen (*ignorance*; siehe Powell et al., 2007; Simmerling & Janich, 2015; Stocking & Holstein, 1993, 2009) oder Ungewissheit verspürt (über die Existenz beider kann sich eine Person im Übrigen bewusst sein oder auch nicht: *known unknowns* und *unknown unknowns*; es kann außerdem zwischen interner (eine Person weiß etwas nicht, könnte diesen Umstand aber ändern) und externer Unsicherheit (liegt nicht im individuellen Einflussbereich) unterschieden werden (Kahneman & Tversky, 1982)). Es geht auch nicht um die mediale Berichterstattung über generelle Unsicherheiten und allgemeine Ungewissheiten (siehe Kepplinger, 2009; Maurer, 2011). Auch der englische Term *uncertainty* kann zunächst alles zwischen absolut keinem Wissen und keinem Bewusstsein bis hin zu einem Bewusstsein um Irrtumswahrscheinlichkeiten etc. meinen (Ashe, 2013). Es geht im vorliegenden Beitrag aber viel mehr darum, wie viel Wissen durch wissenschaftliche Fakten und Belege abgesichert ist oder eben nicht. Der Bezug zu einem wissenschaftlichen Ergebnis ist deshalb immer präsent. Aus diesem Grund wird in dieser Arbeit von wissenschaftlicher (Un)Gesichertheit (*scientific uncertainty*) gesprochen. In den meisten Fällen wird es darum gehen, dass zumindest bereits etwas Wissen zu einem Thema vorhanden ist. Wie Friedman, Dunwoody und Rogers (1999, S. XII) schon sagten: „People may be habituated to uncertainty, but not to scientific uncertainty."

Kessler & Milde, 2015). (Un)Gesichertheit beeinflusst immer auch ange-
wandte Fragestellungen, so wie sie im Rahmen der evidenzbasierten Medizin[20] oder in Risikoeinschätzungen relevant werden. Legen wir eine Definition an, die von zwei Polen als Extrempunkten ausgeht – Gesichertheit und
Ungesichertheit – dann können wir auch Charakteristika für diese beiden
Pole näher bestimmen.

Wissenschaftliche Ungesichertheit tritt zum einen durch Kennzeichen wissenschaftlicher Forschung und Arbeit auf: Forschungsresultate sind zualler-
erst immer als vorläufig zu betrachten (*Falsifikationsprinzip* im Sinne von
Popper (1960); siehe auch Alt (2001) oder Jensen und Hurley (2012)). Ergebnisse und Hypothesen sind nur so lang gültig wie sie nicht von neuen
Erkenntnissen herausgefordert werden (Hornmoen, 2009) und nahezu alle
wissenschaftlichen Theorien bleiben bis zu einem bestimmten Grad ungesichert (Retzbach, Retzbach, Maier, Otto & Rahnke, 2013), es handelt sich oft
um probabilistisches Wissen (Stocking, 2010). Des Weiteren entstehen Ergebnisse oft in künstlichen und unrealistischen Szenarien (bspw. Laborexpe-
rimente), sie sind dann zum Teil nicht-verallgemeinerbar, zuweilen sogar
nicht-reproduzierbar, invalide und wenig reliabel (*fragile Evidenz*, Heidmann
& Milde, 2013). Wissenschaftler sind durch ihren professionellen Kontext
darauf trainiert, Forschungslücken zu identifizieren und in ihren Arbeiten
auf die Einschränkungen, sogenannte Limitationen, der eigenen erbrachten
Leistungen hinzuweisen – dabei entstehen auch neue Wissenslücken
(Schneider, 2010). Zusätzlich akzeptieren Wissenschaftler die Irrtumswahr-
scheinlichkeit statistischer Verfahren und weitere eventuelle methodische
Ungenauigkeiten (Swain, 2007; *Parameter-* und *Modellungesichertheit*, Wiedemann, Löchtefeld, Claus, Markstahler & Peters, 2009). Nicht selten entsteht
Ungesichertheit aber auch durch Kontroversen innerhalb und außerhalb des

---

[20] Die evidenzbasierte Medizin hat das Ziel, Ärzten Informationen bereitzustellen, auf deren
Grundlage (bessere) diagnostische und therapeutische Entscheidungen getroffen werden
können (Vasic, Connemann & Wolf, 2008). Auch für die Bürger sei sie wichtig, um bspw. in
Zeiten, in denen die Anzahl verfügbarer Information stetig wächst, die richtigen Entscheidungen zu treffen (Chew, Mandelbaum-Schmidt & Kun Gao, 2006).

Wissenschaftssystems selbst (*konfligierende Evidenz*, Barke, 2009; Corbett & Durfee, 2004; Stocking & Holstein, 1993, 2009). Sich kontrastierende Positionen und Meinungen von Wissenschaftlern, Politikern, NGOs, und/oder auch Laien stiften dann ebenfalls Zweifel an der Gültigkeit vorliegender Ergebnisse. Wichtig ist, dass „absolute proof is elusive", (Stocking, 2010, S. 919). Dennoch gibt es Kriterien, die auf Gesichertheit verweisen.

Denn auf der anderen Seite treten Grade *wissenschaftlicher Gesichertheit* durch bestätigte Hypothesen und beantwortete Forschungsfragen, erfolgreich replizierte Forschungsergebnisse oder durch valide und reliable Daten auf, die Ergebnisse anderer Wissenschaftler nicht kontrastieren, sondern verifizieren (Bromme, Prenzel & Jäger, 2014; Heidmann & Milde, 2013; Jensen, 2008). Hierarchisierte Evidenzkriterien bieten häufig eine Orientierung, wenn es um die Frage geht, die Gesichertheit eines wissenschaftlichen Ergebnisses einzuschätzen. Beispielsweise geben im Rahmen der evidenzbasierten Medizin sogenannte Evidenzlevel den Grad von Gesichertheit an – Systematische Reviews und Meta-Analysen stehen dabei, vereinfacht dargestellt, vor Studien, Fallbeispielen und Expertenmeinungen, die abstufend als weniger evident gelten (GRADE Working Group, 2004; Herkner & Müllner, 2011).

Die starre Einteilung in die beiden Pole Gesichert und Ungesichert bezeichnet jedoch nur die Endpunkte des in der Definition eingeführten Kontinuums. Natürlich ist die Einordnung eines Ergebnisses nie so stereotyp und einfach: In den meisten Fällen werden Forschungsergebnisse sowohl Grade der Gesichertheit als auch der Ungesichertheit erfüllen. Die Frage ist dann jedoch, wo sich ein Ergebnis auf dem Kontinuum einordnen lässt.

Das Konzept der wissenschaftlichen Evidenz soll nun auf den Wissenschaftsjournalismus transferiert werden: Zwar ist es fester Bestandteil des Wissenschaftssystems, inwieweit Wissenschaftsjournalisten bei ihrer Berichterstattung aber auf diese Charakteristik wissenschaftlicher Ergebnisse eingehen, ist ein Untersuchungsgebiet, das bisher nur marginal von Forschern analysiert wurde und noch viele offene Fragen beinhaltet.

Das betrifft nicht nur die generelle Darstellung eines wissenschaftlichen Ergebnisses als mehr oder weniger (un)gesichert, sondern auch die Darstellung sogenannter evidenzrelevanter Informationen, die nachfolgend definiert werden sollen.

Mit *evidenzrelevanten Informationen* sind all diejenigen Angaben in einem Beitrag gemeint, die den Laien Orientierung geben zu eigenen Ableitungen und Entscheidungen (über die gegebene Evidenzlage) zu gelangen. Beispiele sind Angaben zu Hypothesen, Methoden, Auswertungsverfahren oder auch Informationen bezüglich der Reliabilität und Validität (siehe bspw. Hijmans, Pleijter & Wester, 2003).

Daran knüpft das vorliegende Buch an. Die Relevanz dieses Forschungszweiges ergibt sich aus der Bedeutung des Wissenschaftsjournalismus für ein Laienpublikum (Kapitel 1.1.1) und zentralen Forderungen des public engagement with science-Ansatzes (Kapitel 1.1.3), der sich stark für eine transparenter Kommunikation genau dieser Konzepte einsetzt.
Im Folgenden soll der weitere Aufbau des Buches skizziert werden.

## 1.3	Aufbau des Buches

Es existieren bisher nur wenige Forschungsarbeiten, die sich mit journalistischen Wahrnehmungen (bspw. Ebeling, 2008; Stocking & Holstein, 1993, 2009; Wilkinson, Allan, Anderson & Petersen, 2007) und der Berichterstattung (bspw. Cooper, Lee, Goldacre & Sanders, 2012; Heidmann & Milde, 2013; Zehr, 2000) über wissenschaftliche Evidenz in verschiedenen thematischen Domänen beschäftigen. Sie lassen sich nach Befragungen und Inhaltsanalysen unterteilen; diese Unterteilung soll hier fortgeführt werden. Die Untersuchungen stehen jedoch noch am Anfang und sind wenig theoretisch, was die Wichtigkeit weiterer Forschung in diesem Feld unterstreicht.

Anknüpfend an bisherige Ergebnisse wird sich auch das vorliegende Buch dem Thema aus zweierlei Blickwinkeln, einmal bezogen auf die tatsächlichen Medieninhalte (inhaltszentrierte Perspektive) und einmal aus Sicht der Journalisten selbst (journalismuszentrierte Perspektive) annähern. Die zentralen Forschungsfragen sind dabei:

Inhaltszentrierte Perspektive: Stellen die Medien ungesicherte und/oder gesicherte Aspekte von Forschungsergebnissen dar und welche Darstellungsform überwiegt hierbei? Und: In welchen Rahmen (z. B. im Kontext von Chancen und Risiken) werden diese Informationen gestellt? Erweitern lässt sich diese Frage durch: Welche evidenzrelevanten Informationen sind überhaupt Bestandteil der Wissenschaftsberichterstattung?

Journalismuszentrierte Perspektive: Welche Vorstellungen haben Journalisten von wissenschaftlicher Evidenz? Daran anknüpfend: Was denken sie über eine angemessene Berichterstattung dieses Themas in den Medien? Und: Wie schätzen sie ihre eigene Berichterstattung über gesicherte und ungesicherte Aspekte wissenschaftlicher Ergebnisse ein? Schließlich: Sollten verschiedene journalistische Darstellungstypen wissenschaftlicher Evidenz bestehen, welche Gründe können hierfür ausgemacht werden?

Um die skizzierten übergeordneten Forschungsfragen zu beantworten und den Forschungsstand zu erweitern und zu systematisieren, wird im folgenden Verlauf dieses Buches auf die Erkenntnisse und Ergebnisse aus drei von der Deutschen Forschungsgemeinschaft (DFG) finanzierten Projekten[21] im Schwerpunktprogramm 1409 „Wissenschaft und Öffentlichkeit" zurückge-

---

[21] Im Einzelnen handelt es sich dabei um die Projekte „Verstehen fragiler und kontroverser wissenschaftlicher Evidenz in Medien- und Rezipientenframes am Beispiel von TV-Wissenschaftsmagazinen" (2009 bis 2011), „Kommunikation wissenschaftlicher Evidenz im Bereich der Nanotechnologie und ihre Wirkung auf Medienrezipienten" (2011 bis 2013) und „Kommunikation von Evidenz biowissenschaftlicher Zukunftstechnologien" (2013 bis 2015). Die Antragssteller dieser Projekte sind Prof. Dr. Georg Ruhrmann, Prof. Dr. Michaela Maier und Dr. Jutta Milde. Der Autor promovierte in diesen Projekten publikationsbasiert.

griffen. Da zu all diesen Projekten bereits wissenschaftliche Beiträge veröffentlicht wurden, wird in diesem Buch eine Meta-Perspektive eingenommen
und Erkenntnisse werden zusammenfassend kritisch reflektiert. Auf veröffentlichte Ergebnisse wird entsprechend verwiesen; einige Ergebnisse wurden jedoch auch allein für den Zweck dieses Buches (neu) gerechnet und
dokumentiert.

Da es sich dabei um jeweils verschiedene Projektphasen innerhalb des
DFG-Schwerpunkts handelt, beziehen sich die Ergebnisse auf unterschiedliche thematische Domänen. Im Einzelnen sind das Inhaltsanalysen in den
Berichterstattungsgebieten Molekulare Medizin und Nanotechnologie, eine
qualitative Journalistenbefragung, ebenfalls im Rahmen der Nanotechnologie, und eine quantitative Journalistenbefragung im Rahmen der Bio- oder
Lebenswissenschaften (*life sciences*). Alle Domänen eignen sich sehr gut für
die vorliegende Untersuchung, zeichnen sie sich doch durch große medizinische und technologische Hoffnungen auf der einen, durch hohe wissenschaftliche Ungesichertheit (speziell was die Langzeitwirkungen auf Ge-
sundheit und Umwelt betrifft) auf der anderen Seite aus (Kurath & Gisler,
2009; Rogers-Hayden & Pidgeon, 2007; Swierstra, Vermeulen, Braeckman &
Van Diel, 2013); es handelt sich demnach um *evidenzsensible Forschungsbereiche*
(Ruhrmann & Guenther, 2014[a]) an die dann auch Fragen nach der Darstellung von (Un)Gesichertheit und evidenzrelevanten Informationen angelegt
werden können.

Übergeordnet verfolgt das Buch nicht nur das Ziel den Forschungsstand zu erweitern, sondern auch zwei weitere, aus den bisherigen (fehlen-
den) Befunden abgeleitete Forschungsziele: Zum einen soll eine stärkere
theoretische Einbettung des Themas in die empirische Kommunikationsfor-
schung erfolgen, zum anderen soll der deutsche Kontext im Vergleich zu
Studien aus den Vereinigten Staaten von Amerika und Großbritannien betrachtet werden. In diesen Ländern liegt der bisherige Forschungsschwer-
punkt.

Abbildung 2:   Inhalte des Buches: Wahrnehmung, Darstellung und Wirkung von
                   medial dargestellter wissenschaftlicher (Un)Gesichertheit.

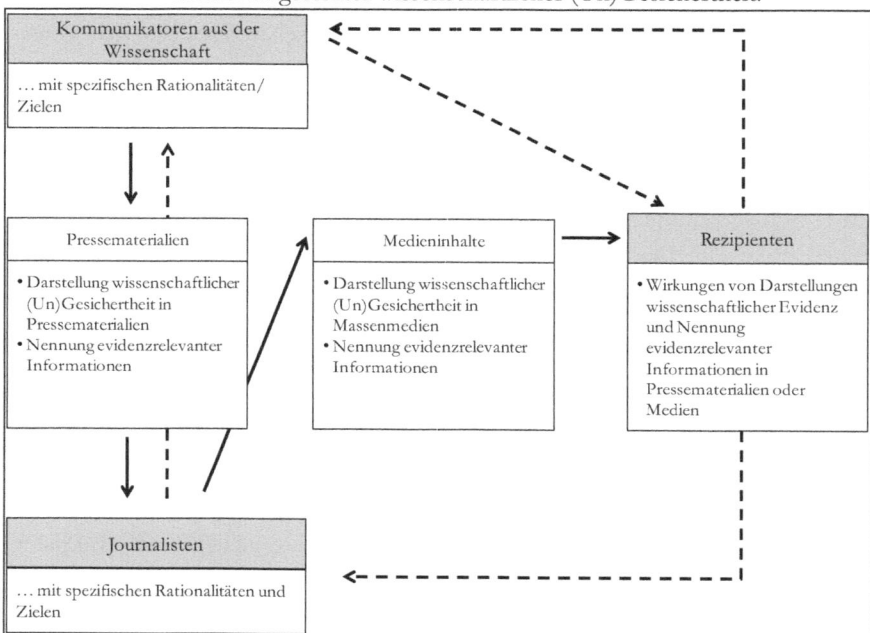

Abbildung 2 erweitert Abbildung 1 und gibt einen Überblick über die Inhalte des Buches. Kapitel 2 wird sich zunächst mit der inhaltszentrierten Perspektive beschäftigen und die Darstellung von (Un)Gesichertheit ergründen,
sowohl jene von wissenschaftlichen Kommunikatoren (vor allem in Pressematerialien) als auch, hierauf liegt der Schwerpunkt, jene von Wissenschaftsjournalisten (dementsprechend in den Medien). In beiden Fällen werden die
generelle Darstellung wissenschaftlicher (Un)Gesichertheit und die Nennung evidenzrelevanter Informationen behandelt. In Kapitel 2 wird es zudem auf Seiten der wissenschaftlichen Kommunikatoren um spezifische
Rationalitäten und Ziele dieser Akteursgruppe gehen. Es erfolgt auch ein
zusätzlicher Exkurs, der der Frage nachgeht, wie verschiedene Darstellungen wissenschaftlicher Evidenz auf Laien wirken – dieser Unterpunkt wird

die Relevanz dieses Forschungsfeldes noch einmal stärker herausarbeiten. Das Kapitel dient grundsätzlich einer Bestandsaufnahme dessen, was wir aus Inhaltsanalysen lernen können und welche Effekte verschiedene Darstellungsformen haben.

Kapitel 3 befasst sich dann mit der Wahrnehmung wissenschaftlicher Evidenz durch Wissenschaftsjournalisten (journalismuszentrierte Perspektive), deren Rationalitäten und Ziele. In den beiden zentralen Kapiteln (2 und 3) werden theoretische Einordnungen erfolgen, der Forschungsstand zusammengefasst und dann auf die eigenen Arbeiten am Thema in den eigenen Projekten fokussiert.

Die Ergebnisse werden in einem vierten Kapitel zusammengefasst und kritisch diskutiert. Hier wird auch den Vorteilen und Nachteilen einer evidenzsensiblen Kommunikation nachgegangen.

2 Inhaltszentrierte Perspektive: Die Darstellung wissenschaftlicher Evidenz

Als Ziel und Zweck der Wissenschaft wird häufig die Suche nach Wahrheit verstanden. Rein gesichertes Wissen ist jedoch nicht gegeben (siehe Kapitel 1.2). Wissenschaftliche Evidenz, (Un)Gesichertheit und Vorläufigkeit sind, wie bereits eingeführt, zentraler Gegenstand wissenschaftlicher Forschung und wissenschaftlichen Fortschritts (Popper, 1960).[22] Mit Verweis auf die eingeführte Definition geht es um die Einordnung eines Ergebnisses auf dem Kontinuum zwischen Gesichertheit und Ungesichertheit. Es geht demnach um Grade der (Un)Gesichertheit, die durch wissenschaftliche Ergebnisse, bzw. durch gewählte Methoden und Testverfahren erreicht werden (Bromme, Prenzel & Jäger, 2014).

Das ist auch der Grund, warum die evidenzbasierte Medizin systematische Reviews und Meta-Analysen als diejenigen Verfahren ansieht, die den höchsten Grad an Evidenz erreichen können. Als weniger evident, im Vergleich betrachtet, gelten einfache Studien (für weitere Abstufungen, siehe GRADE Working Group, 2004). Fallbeispiele weisen häufig kleinere Stichproben auf als es in vielen wissenschaftlichen Studien der Fall ist, schon

---

[22] In Poppers Wissenschaftsphilosophie wird Wissenschaft und wissenschaftliches Arbeiten nicht so deutlich über gewählte Methoden und Daten definiert, sondern über vorläufige Antworten und weiterführende Tests auf dem Weg dahin, mehr Wissen zu generieren (Popper, 1960). Das Falsifikationsprinzip sagt aus, dass Hypothesen nur dann wirklich wissenschaftlich sind, wenn sie widerlegt werden können. Dasselbe gilt für Theorien. Für Popper drückt selbst die erfolgreiche Replikation eines wissenschaftlichen Ergebnisses nicht mehr Gesichertheit aus als vor der Replikation vorhanden war, weil er keine Abstufungen macht. Dies blieb nicht ohne Kritik (siehe Godfrey-Smith, 2003).

allein deshalb gelten sie im Vergleich als weniger evident. Letztendlich erreichen die Meinungen von Experten die geringste Evidenzkraft weil ihnen oft
keine empirischen Ergebnisse zugrunde liegen (siehe auch Vasic, Connemann & Wolf, 2008).

Wie wissenschaftliche Evidenz dargestellt wird, ist eine erste Frage, die
das vorliegende Buch in diesem Kapitel ergründen möchte. Um die Frage
umfangreich zu beantworten, werden nachfolgend verschiedene Blickwinkel
eingenommen. Da Wissenschaftsjournalisten von den von ihnen verwendeten Quellen hochgradig abhängig sind (Bauer et al., 2013), wird es zunächst
um die Darstellung wissenschaftlicher Evidenz in genau diesen Quellen
gehen (Kapitel 2.1). Als Quellen werden dabei die von wissenschaftlichen
Kommunikatoren angefertigten Texte (und andere Materialien) verstanden.[23]

Erst in einem zweiten Schritt (Kapitel 2.2) geht es um die journalistische Darstellung des Themas: Es erfolgt eine theoretische Einordnung, der
Forschungsstand wird zusammengefasst und die eigenen Arbeiten an diesem Thema vorgestellt. Im vorliegenden Unterpunkt geht es zunächst um
eine Beschreibung dessen, was wir aus Inhaltsanalysen lernen können. Um
auf alle drei an der öffentlichen Kommunikation beteiligten Akteursgruppen
einzugehen und die Relevanz des Forschungsthemas herauszustellen, soll
ein kurzer Exkurs (Kapitel 2.3) erfolgen, in dem es um die Wirkung verschiedener Darstellungsformen von Evidenz auf Laien geht. Eine Zusammenfassung der hier vorgestellten Themen findet sich am Ende des Kapitels
(2.4).

---

[23] Unter dem Begriff wissenschaftliche Kommunikatoren werden diejenigen Personen sub-
sumiert, die für die Veröffentlichung von wissenschaftlichen Forschungsergebnissen verantwortlich sind. Häufig sind das Wissenschaftler oder Mitarbeiter der Presse- und Öffentlichkeitsarbeit wissenschaftlicher Einrichtungen (Wissenschafts-PR). Nicht zu dieser Gruppe zählen Journalisten, die als Gruppe mit eigenen Rationalitäten wahrgenommen werden
(Guenther, Froehlich & Ruhrmann, 2015; Lehmkuhl et al., 2012; siehe Kapitel 3). Bei
Burns, O'Connor und Stockmayer (2003) ist von Wissenschafts-Mediatoren die Rede, das
schließt aber wissenschaftliche Kommunikatoren und auch Journalisten ein – in der vorliegenden Arbeit wird eine Trennung vorgenommen.

2.1   Darstellung wissenschaftlicher Evidenz durch Quellen des Journalisten

Wissenschaftler und zum Teil auch Mitarbeiter der Wissenschafts-PR werfen Journalisten häufig vor, nicht angemessen, akkurat und damit evidenzsensibel genug zu berichten (Brechman, Lee & Cappella, 2009, 2011; Schwartz, Woloshin, Andrews & Stukel, 2012). Verkannt wird dann aber oft, dass diese Kritik an der Wissenschaftsberichterstattung mit den Quellen beginnen könnte, auf die sich Journalisten stützen (Brown, 2012; Sumner et al., 2014), vor allem dann natürlich wenn es zu churnalism kommt (Mellor, 2015; Williams & Gajevic, 2013; siehe Kapitel 1.1.1). Deshalb ist es so wichtig, sich die Darstellung von wissenschaftlicher Evidenz in den Quellen des Journalisten anzuschauen.

Zunächst sollte bemerkt werden, dass es als gute wissenschaftliche Norm des Wissenschaftlers gilt, in den eigenen Texten auf Limitationen, Forschungslücken, allgemeiner gesagt, auf Ungesichertheit und evidenzrelevante Informationen zu verweisen (Schneider, 2010; Stocking & Holstein, 2009). Empirisch arbeitende Wissenschaftler wissen bspw., dass sie ihre Ergebnisse mit Signifikanzniveaus versehen sollten; häufig erhalten Limitationen in wissenschaftlichen Aufsätzen einen eigenen Gliederungspunkt. Wissenschaftliches Wissen entsteht immer im Kontext von anerkannter Ungesichertheit – „many but not all uncertainties are codified with 95 percent confidence intervals, margin of error, error tolerance" (Barke, 2009, S. 339). Stocking (2010, S. 919) betont:

> „Scientists routinely include qualifiers and caveats in their formal reports to other scientists – words and statements that soften the certainties of the findings and spell out ways in which conclusions they have drawn may be dependent on the methods they have used and other factors."

Wahrscheinlich weil davon ausgegangen wird, dass (empirisch arbeitende) Wissenschaftler um wissenschaftliche Evidenz wissen, und diese auch ganz selbstverständlich in ihren Publikationen kenntlichmachen, richtet sich die bisherige Forschungsarbeit an den Quellen der Journalisten nicht auf genuine Beiträge von Wissenschaftlern (deren Aufsätze, Blogbeiträge, etc.), sondern vorrangig auf die Pressematerialien, die von wissenschaftlichen Institutionen (vor allem deren Presse- und Öffentlichkeitsarbeit) bereitgestellt werden. Der Fokus richtet sich demnach auf die Wissenschafts-PR.[24] Als Konsequenz dessen wird sich auch der folgende Punkt vorrangig mit der Darstellung wissenschaftlicher Evidenz in Pressematerialien (Kapitel 2.1.1) beschäftigen. Auf die spezifischen Rationalitäten und Ziele wissenschaftlicher Kommunikatoren wird nachfolgend eingegangen (Kapitel 2.1.2).

2.1.1   Darstellung wissenschaftlicher Evidenz in Pressematerialien

Grundsätzlich erhöhen wissenschaftliche Pressematerialien die Chance auf mediale Aufmerksamkeit und damit Publikation (Schwartz et al., 2012; Stryker, 2002), sie regen journalistische Berichterstattung an und beeinflussen sie zuweilen auch (bereits Van Tright, de Jong-Van den Berg, Voogt, Willems, Tromp & Haaijer-Ruskamp, 1995; siehe auch Shoemaker & Vos, 2009; Stocking, 1999; Wormer & Anhäuser, 2014). Damit ist die Relevanz wissenschaftlicher PR herausgestellt. Das ist, wie eingeführt, vor allem auch vor dem Hintergrund sich wandelnder Prozesse im Journalismus wichtig: Stellenkürzungen, Redaktionszusammenlegungen und der zunehmende (Online-)Publikationsdruck (Bauer & Howard, 2009; Brumfield, 2009) führten zu einer starken Wissenschafts-PR. Nicht selten ist zu lesen, dass einige Journalisten Pressemitteilungen eins zu eins übernehmen (siehe Kapitel 1.1.1 für mehr Informationen).

---

[24] Pressematerialien gehören in diesem Unterpunkt zu den Quellen des Journalisten. Sie sind laut Rödder (2016) auch systemtheoretisch dem Wissenschaftssystem zuzuordnen. So ist es vielleicht auch zu verstehen, warum wissenschaftliche Kriterien angelegt werden, um die Qualität dieser Materialien zu beurteilen.

Hohe mediale Aufmerksamkeit erzielen Pressemitteilungen über neueste Forschungsergebnisse (Kuriya, Schneid & Bell, 2008; Yavchitz, Boutron, Bafeta, Marroun, Charles, Mantz & Ravaud, 2012). Sie sollten Journalisten wichtige Daten und Informationen liefern, um qualitativ hochwertige Wissenschaftsbeiträge zu verfassen (Schwartz et al., 2012). Werden in Pressematerialien wichtige Fakten über die Studien (Brechman, Lee & Capella, 2009), ihre Limitationen oder auch Interessenskonflikte (Woloshin & Schwartz, 2002) ausgelassen und lediglich die eigene Forschung beworben (Woloshin, Schwartz, Casella, Kennedy & Larson, 2009), leidet im Zweifelsfall nicht nur die Qualität des Pressematerials, sondern aus den oben angegeben Gründen womöglich auch die Qualität damit verbundener Medienbeiträge. Schwartz et al. (2012) haben bspw. gezeigt, dass qualitativ hochwertige Pressematerialien auch zu einer (nach wissenschaftlichen Kriterien) besseren journalistischen Berichterstattung beitragen können.

Bisherige Untersuchungen zur Qualität und Evidenzdarstellung von wissenschaftlichen Pressematerialien konzentrieren sich vorwiegend auf medizinische und gesundheitliche Themen (Brechman, Lee & Capella, 2009; Schwartz et al., 2012; Woloshin et al., 2009; Wormer, 2014; Yavchitz et al., 2012). Beispielweise untersuchten Kuriya, Schneid und Bell (2008) die Qualität von Pressemitteilungen internationaler pharmazeutischer Unternehmen: Diese stellen zwar wissenschaftliche Details wie Stichprobengröße dar, nennen aber bspw. selten Limitationen. Zudem verwiesen 38% aller Pressematerialien noch nicht einmal darauf, in welcher Zeitschrift die Originalartikel zu finden seien. Brechman, Lee und Capella (2009) untersuchten hingegen Pressemitteilungen und die Berichterstattung zum Thema Genetik. Sie fanden Hinweise dafür, dass wissenschaftliches Wissen in journalistischen Darstellungen einfach und inkonsistent rekonstruiert wird. Es werden, im Vergleich, medial weniger Kontextinformationen bereitgestellt und Anwendungen überbetont. Zugleich zeigte sich eine ungenaue Darstellung der wissenschaftlichen Erkenntnisse zum Teil bereits in den Pressemitteilungen. Bewerten wissenschaftliche Experten Pressematerialien und journalistische Artikel über Genforschung zum Thema Krebs – ohne die Quellen zu kennen –, dann werden Pressematerialien als wissenschaftlich akkurater bewertet als die massenmedialen Artikel (Brechman, Lee & Capella, 2011). Aber auch in dieser Untersuchung wurde Kritik an einigen Pressematerialien geäußert.

Woloshin und Schwartz (2002) und Woloshin et al. (2009) prüften die Qualität von Pressemitteilungen medizinischer Fachzeitschriften und Einrichtungen. Auch hier wurde im Ergebnis konstatiert, dass Limitationen in der Forschung, Interessenskonflikte und Studienergebnisse nicht angemessen dargestellt wurden.

> „Press releases issued by 20 academic medical centers frequently promoted preliminary research or inherently limited human studies without providing basic details or cautions needed to judge the meaning, relevance, or validity of the science", (Woloshin et al., 2009, S. 616).

Sumner et al. (2014) zeigten, dass obwohl Übertreibungen in medizinischen Pressematerialien nicht zu einer erhöhten journalistischen Publikationswahrscheinlichkeit führten, die Pressetexte britischer Universitäten dennoch häufig unangemessene Übertreibungen beinhalteten (in 30 bis 40%) und diese häufig auch von Journalisten übernommen wurden. Weder Pressemitteilungen noch die journalistische Folgeberichterstattung enthielten Forschungslimitationen. Zudem gingen einige Übertreibungen häufig bereits von den Abstracts wissenschaftlicher Artikel in Fachzeitschriften aus. Zu ähnlichen Ergebnissen kommen Yavchitz et al. (2012), die Übertreibungen des Nutzens einer klinischen Intervention (Stichwort *Spin*) in wissenschaftlichen Abstracts (40%), Pressemitteilungen (47%) und der journalistischen Berichterstattung (51%) untersuchten. Abgeleitet von diesen Ergebnissen wäre es also wünschenswert, wenn sich die Forschung in Zukunft auch mit den Texten beschäftigt, die direkt von Wissenschaftlern angefertigt werden, denn wie sich gezeigt hat, nehmen wissenschaftliche Akteure auch maßgeblichen Einfluss auf Wissenschaftsjournalisten und auch in Texten, die direkt von Wissenschaftlern verfasst wurden, tauchen evidenzunsensible Darstellungen auf.

Zusammenfassend lässt sich demnach sagen, dass Forschungsarbeiten, die sich mit der Darstellung wissenschaftlicher Evidenz in Pressematerialien beschäftigen, bisher einheitlich zu dem Ergebnis kommen, dass (notwendige) Angaben über wissenschaftliche Evidenz unzureichend dargestellt werden – das trifft sowohl auf eine generelle Nennung und einen Verweis auf bestehende Ungesichertheit zu als auch auf die Nennung evidenzrelevanter Informationen wie Angaben zu Stichproben, Limitationen, Testverfahren, etc.. Um zu ergründen, warum sich die Sachlage so darstellt, sollte laut einiger Wissenschaftler auf die spezifischen Rationalitäten dieser Akteursgruppen verwiesen werden (Ebeling, 2008; Priest, 2009). Es sollte jedoch kritisch betont werden, dass sich diese Forschungsarbeiten hauptsächlich an Rationalitäten der Wissenschaftler orientieren und nicht an jenen der Mitarbeiter der Pressestellen. Hier ist weitere Forschungsarbeit von Nöten.

2.1.2 Spezifische Rationalitäten und Ziele wissenschaftlicher Kommunikatoren

„Science is as much an uncertainty generator as it is a certainty producer" (Zehr, 1999, S. 4) und diese Ungesichertheit kann zu regen Diskussionen unter Wissenschaftlern führen. Es wird davon ausgegangen, dass Wissenschaftler und andere wissenschaftliche Kommunikatoren wissenschaftliche (Un)Gesichertheit häufig aktiv konstruieren (Dunwoody, 1999; Stocking & Holstein, 2009). Kommunikatoren sind zudem abhängig von gruppenspezifischen Rationalitäten und zum Teil auch von strategischen Zielen (Ebeling, 2008; Priest, 2009). Das heißt, dass das Handeln dieser Akteure häufig im Zusammenhang mit den spezifischen Normen einer Berufsgruppe steht und auf potentielle Wirkungen ausgerichtet ist.

So könnte es ja Strategie von Wissenschaftlern oder PR-Mitarbeitern sein, Ungesichertheit nicht zu kommunizieren, bspw. weil dies Investoren und Finanzmittelgeber davon abhalten könnte, der Wissenschaft oder den Wissenschaftlern (weiterhin) Geld zur Verfügung zu stellen (Ebeling, 2008). Auf der anderen Seite könnte ebenso gerade Ungesichertheit ein Garant für weitere Forschungsmittel sein, nämlich um diese Ungesichertheit zu verringern (Stocking & Holstein, 2009). So vermutet bspw. Mellor (2010), dass Ungesichertheit nicht selten von Astronomen eingesetzt wird, um weitere Forschungsgelder zu akquirieren, die dann dabei helfen Kometen, Asteroiden und andere mögliche Gefahren des Weltalls zu entdecken. Bezüglich des Klimawandels könnte es zusätzlich bspw. auch Strategie der Wissenschaftler gewesen sein, Gesichertheit zu verbreiten um den Status als Wissensvermittler (Stichwort *Autorität*) aufrecht zu erhalten; auf der anderen Seite kann die Überbetonung von Ungesichertheit auf eventuelle Fehlurteile anderer Wissenschaftler hinweisen (Zehr, 2000). Im letzteren Fall geht es dann auch häufig um Aufmerksamkeitsgenerierung.

Für den Fall der Risikokommunikation elektromagnetischer Felder zeigten Wiedemann et al. (2009), dass Wissenschaftler mehrheitlich der Meinung waren, Ungesichertheit müsse öffentlich kommuniziert werden, weil hierdurch Vertrauen gestärkt würde und Akzeptanz somit besser erreicht werden könne. Zudem würde die Nennung von wissenschaftlicher Ungesichertheit den Absolutheitsanspruch wissenschaftlicher Ergebnisse abmildern.

Wissenschaftler wägen demnach vorsichtig die Vor- und Nachteile der öffentlichen Kommunikation von Ungesichertheit ab (Maier et al., 2016). Es ist davon auszugehen, dass sie Ungesichertheit dann erwähnen, wenn sie davon profitieren (Post & Maier, 2016) oder sie es normativ als richtig bewerten. Zu den Nachteilen der öffentlichen Kommunikation von Ungesichertheit könnte zählen, dass Journalisten Ungesichertheit dramatisieren, bzw. könnten Pressestellen annehmen, dass Journalisten gar nicht an Evidenzfragen interessiert seien oder dass sich eine Thematisierung von Ungesichertheit negativ auf das öffentliche Bild einer bestimmten Wissenschaft auswirkt: Die Bevölkerung könnte die Autorität der Wissenschaftler hinterfragen, Vertrauen verlieren und zunehmend skeptischer werden – in diesem Fall seien Angaben von Ungesichertheit zu vermeiden. Und: Wissenschaftler und wissenschaftliche Pressestellen wissen zum Teil recht gut um die Routinen der Medien. In einer Studie von Williams und Gajevic

(2013, S. 519) gaben sie an, dass journalistische Tendenzen der Vereinfachungen, des Sensationalismus und die Unfähigkeit, Ungesichertheit richtig zu kommunizieren, oft zum Nachteil für Wissenschaftler werden können: „Communicating scientific uncertainty to journalists is notoriously difficult." In Maier et al. (2016) sagten Wissenschaftler, dass sie es positiv bewerten, wenn durch eine Nennung von Ungesichertheit die Bevölkerung etwas skeptischer gegenüber biotechnologischer Forschung würde, jedoch fürchten sie durchaus, dass Journalisten dann Interesse an bestimmten Themen verlieren könnten.

Post und Maier (2016) untersuchten die Intention verschiedener Akteure öffentlich über die Ungesichertheit biotechnologischer Forschung zu kommunizieren. Dabei zeigte sich unter anderem, dass Wissenschaftler vor allem dann Ungesichertheit ansprechen, wenn sie Forschung bewerben wollen oder sich Förderung erhoffen. Sprecher aus der Industrie hoffen ebenfalls auf Förderung und sind ihrem Unternehmen gegenüber loyal eingestellt. Öffentliche Interessensgruppen wiederum kommunizieren Ungesichertheit um die Bevölkerung skeptischer zu machen und Kommunikatoren staatlicher Einrichtungen im Sinn eigener Interessen.

Wie wissenschaftliche Kommunikatoren mit wissenschaftlicher Evidenz und evidenzrelevanten Informationen umgehen, das sollte deutlich geworden sein, ist ein Forschungsfeld, dem wir uns in den nächsten Jahren noch stärker widmen müssen. Wie Woloshin et al. (2009) bemerkten, könnten Pressematerialien weitreichend verbessert werden. Denn nicht zuletzt beeinflussen wissenschaftliche Akteure, nämlich als Quellen, dann auch wie Journalisten Wissenschaftsthemen in den Medien darstellen (Schwartz et al., 2012; Stryker, 2002). Forschungsbedarf gibt es auf Inhaltsebene vor allem bezüglich der eigentlichen Texte, die von Wissenschaftlern verfasst werden (wie ihre Studien), zudem sollte mehr Varianz hergestellt werden: Bisherige Untersuchungen fokusseren zu stark auf medizinisch/gesundheitliche Themen und häufig nur auf jene der Pressestellen von Universitäten. Bezüglich der Rationalitäten und Ziele der wissenschaftlichen Kommunikatoren sollte

sich die Forschung zukünftig mit Mitarbeitern in diversen Pressestellen auseinandersetzen (im Ansatz bereits Post & Maier (2016)).

Wie außerdem in der Einleitung erwähnt wurde, treten wissenschaftliche Kommunikatoren auch zunehmend direkt mit Laien in Kontakt, bzw.
informieren sich Laien aktiv im Internet und stoßen dann auf Materialien
wissenschaftlicher Kommunikatoren, wie Presseberichte, Blogbeiträge oder
social media-Posts. Gerade deshalb sei es wichtig, dass diese Texte und vor
allem Pressematerialien auf bestehende Ungesichertheit ausführlich verweisen und bspw. bei medizinischen Themen keine falschen Hoffnungen wecken (Chew, Mandelbaum-Schmidt & Kun Gao, 2006). Nichtsdestotrotz
sollte erwähnt werden, dass im vorliegenden Buch der Fokus auch deshalb
auf Journalisten liegt, weil diese ein weitaus größeres und nicht-spezia-
lisiertes Publikum erreichen und nur wenige Leser, Zuschauer und Zuhörer
tatsächlich nach Originalquellen wie wissenschaftlichen Aufsätze und Pressematerialien (im Internet) suchen (Brechman, Lee & Capella, 2009, 2011).

2.2   Darstellung wissenschaftlicher Evidenz durch Journalisten

Inhaltsanalysen erlauben einen Einblick darin, wie Wissenschaftsjournalisten
wissenschaftliche Evidenz darstellen. Vorbemerkt sollte werden, dass die
meisten Forschungsarbeiten, die nachfolgend vorgestellt werden, die Darstellung wissenschaftlicher Evidenz nur als Randthema betrachten. Hauptsächlich geht es in den meisten Fällen um die Darstellung thematischer
Domänen, wie des Klimawandels oder der Nanotechnologie (bspw. Dudo,
Dunwoody & Scheufele, 2011). Zudem liegt der Schwerpunkt auf der Print-
berichterstattung in Tageszeitungen, weniger jedoch auf der Berichterstattung im Fernsehen, Radio oder im Internet. Deshalb ist es in den meisten
Fällen schwierig bzw. nicht zulässig, verallgemeinernde Aussagen zu formulieren. Es soll deshalb vielmehr um einen Überblick über bisherige Forschungsarbeiten gehen.

Zunächst erfolgt eine theoretische Einordnung (Kapitel 2.2.1), dann wird der Forschungsstand zur journalistischen Darstellung von Evidenz vorgestellt, sowohl hinsichtlich der generellen Darstellung von (Un)Gesichertheit, als auch hinsichtlich der Nennung evidenzrelevanter Informationen (Kapitel 2.2.2). Am Ende dieses Unterpunktes werden die eigenen Arbeiten zu diesem Thema im Mittelpunkt stehen (Kapitel 2.2.3). Hierbei wird auch auf epistemologische Überzeugungen und Framing verwiesen, weil diese Ansätze den eigenen Studien zugrunde lagen.

2.2.1   Theoretische Einordnung

Aus einer eher historischen Perspektive und mit Verweis auf Ludwik Fleck (1979) und seine Wissenschaftssoziologie ist wissenschaftliche Ungesichertheit Bestandteil des Denkkollektivs von Wissenschaftlern, welches er als einen kleineren esoterischen Zirkel von Experten beschreibt. Denkkollektiv meint hierbei, dass ein geteiltes Verständnis vorliegt. Wir können uns das Kollektiv als einen konzentrischen Kreis vorstellen, dieser ist klar abzugrenzen vom exoterischen Zirkel des Laienpublikums, der größer ist und aus Nicht-Experten besteht, die eher an populären Themen interessiert sind. Fleck (1979) vermutet nun, dass, wenn Wissen auf einem Kontinuum von den esoterischen Zirkeln zum exoterischen Zirkel wandert, dieses Wissen dann, angepasst an das Zielpublikum, vereinfacht und in gesicherte Erkenntnis transferiert wird. Werden Gedanken und Erkenntnisse für Mitglieder eines anderen Denkkollektivs formuliert, dann werden sie nach Fleck (1979) so umformuliert, dass sie die dem dort verwendeten Stil nahekommen. Je größer die Distanz demnach zum esoterischen Zirkel wird, desto gesicherter wird das Wissen dargestellt. Dies beginne schon dann, wenn Wissenschaftler Beiträge nicht für wissenschaftliche Zeitschriften, sondern für Lehrbücher verfassen – dann würden Behauptungen zu anerkannten Erkenntnissen. Massenmedien sind in dieser theoretischen Betrachtung Teil der Popularisierung von Wissenschaft; sie berichten, folgen wir dem Autor, vereinfacht, klar, apodiktisch, gesichert und teilweise mystifizierend. Es handele sich hierbei aber nur eine artifizielle Vereinfachung. Mit Blick auf Fleck (1979) kann zum einen erklärt werden, warum bspw. Pressematerialien, sehen wir sie nicht als Kernbestandteil des esoterischen wissenschaftlichen Denkkollektivs an, seltener Angaben über Ungesichertheit darstellen als es in wissenschaftlichen Texten der Fall ist. Zum anderen kann vermutet werden, dass auch im Wissenschaftsjournalismus solche Angaben eine eher untergeordnete Rolle spielen, wahrscheinlich noch weniger als in Pressematerialien, weil die Distanz zum esoterischen Kreis größer ist (vgl. auch Kapitel 2.1.1). Wissenschaft sei umso ungesicherter und vorläufig, je näher sie selbst an den Wissenschaftlern ist – je weiter entfernt Wissen von den Wissenschaftlern wandert, umso gesicherter werden Ergebnisse (siehe auch Collins, 1987; Stocking, 2010).

In der Tat, so wird es der Forschungsstand zeigen (Kapitel 2.2.2), lassen sich Forschungsergebnisse finden, die das bestätigen (Cacciatore et al., 2012; Dudo, Dunwoody & Scheufele, 2011; Olausson, 2009). Allerdings findet sich auch das Gegenteil: Zehr (2000) spricht bspw. von einer Überbetonung wissenschaftlicher Ungesichertheit in den Medien (siehe auch Chew, Mandelbaum-Schmidt & Kun Gao, 2006; Ruhrmann et al., 2015). „News media always convey more scientific certainty than is warranted. In many other instances, science news conveys less certainty than the research warrants", (Stocking, 2010, S. 920). Des Weiteren sei bemerkt, dass Flecks (1979) Theorie zwar Erklärungen liefert, zum Teil wird aber im public engagement with science genau das Gegenteil gefordert.

Rein analytisch betrachtet, gibt es mindestens drei verschiedene Arten wie Journalisten wissenschaftliche Evidenz darstellen können (Guenther, Froehlich & Ruhrmann, 2015; Hornmoen, 2009): (1) Sie können Gesichertheit darstellen, zuweilen suggerieren, wenn sie Ungesichertheit aussparen, sie können (2) Ungesichertheit überbetonen, und sie können (3) eine aus wissenschaftlicher Perspektive akkurate/evidenzsensible Berichterstattung bereitstellen. Für alle drei Darstellungsarten lassen sich nähere Charakteristika bestimmen, die zu einer nachfolgend besseren Beschreibung führen.

1. *Fehlende Ungesichertheit*: Journalisten ignorieren oder vermeiden häufig Aussagen über die Vorläufigkeit und Ungesichertheit wissenschaftlicher Evidenz (Friedman, Dunwoody & Rogers, 1999). Gehen wir davon aus, dass zumindest etwas wissenschaftliche Ungesichertheit den meisten wissenschaftlichen Ergebnissen inhärent ist (Retzbach et al., 2013), und Journalisten diese, ob bewusst oder aufgrund der verwendeten Quellen, nicht thematisieren, dann können wir von einer Darstellung von wissenschaftlicher Gesichertheit sprechen. Journalistische Berichterstattung wird dann als *certainty producing process* (Collins, 1987; Ebeling, 2008) bezeichnet: eine klare, einseitige und gesicherte Darstellung, die jedoch nur suggeriert sein könnte. Dies geht einher mit Flecks (1979) theoretischer Einordnung. Unter dieser Darstellungsart neigen Journalisten dazu Ergebnisse als eindeutig und unbestritten zu repräsentieren. Komplexität wird reduziert, Kontext ausgelassen, Vorbehalte und Vorläufigkeiten werden ausgespart ebenso wie methodische Angaben, die zu unverständlich für das Publikum sein könnten (Stocking, 1997, 1999; Stocking & Holstein, 1993, 2009). Faktizität und ein Gefühl von Gesichertheit wird bspw. erreicht, wenn Aussagen durch direkte Expertenzitate validiert werden (Corbett & Durfee, 2004; Dixon & Clarke, 2012), und generell wenn Wissenschaft vereinfacht und popularisiert, teilweise auch übersimplifiziert wird (Hinnant & Len-Ríos, 2009):

> „Making scientific knowledge public through its reporting in scientific journals, and the subsequent coverage in mainstream science journalism that often follows, necessitates the management of uncertainties by a reduction in complexity and ambiguity into simplified research results" (Ebeling, 2008, S. 336).

Ungesichertheit wird auch häufig dann ausgespart, wenn journalistische Beiträge nur eine Quelle berücksichtigen, wenn Herausgeber Hintergrundinformationen löschen um die Länge eines Beitrags zu kürzen oder wenn hauptsächlich auf wissenschaftliche Ergebnisse oder konkrete Anwendungen fokussiert wird. Werden solche Schwerpunkte gesetzt, dann sind erklärende Angaben, wie jene über Ungesichertheit, die ersten, die nicht in journalistische Beiträge integriert werden (Ashe, 2013; Dunwoody, 1997, 1999; Ebeling, 2008). Nicht selten wird Wissenschaft deshalb in den Medien als eindeutiges Zukunftsszenario inszeniert (Stocking, 1999). Ebeling (2008) spricht zusätzlich von *boundary objects*, die zu einer gesicherten Darstellung führen können. Gesichertheit tritt nämlich auch dann auf, wenn Wissen übersetzt wird, wenn Konsens hergestellt und die Kooperation zwischen Akteuren herausgestellt werden soll – auf Ungesichertheit wird dann nicht fokussiert.

2. *Überbetonung von Ungesichertheit:* Im starken Kontrast zum ersten Darstellungstyp steht die Überbetonung von Ungesichertheit. Darunter fallen journalistische Beiträge, die Aufmerksamkeit durch die explizite Betonung, zu Teilen Überbetonung, von Wissens- und Forschungslücken generieren. Einige Forscher vermuten hierbei, dass negativ bewertete Ungesichertheit und Kontroverse vereinzelt ein hoher Nachrichtenwert zugeschrieben wird (Ashe, 2013; Friedman, Dunwoody & Rogers, 1999; Maier, Rothmund, Retzbach, Otto & Besley, 2014). Als Folge werden Forschungsergebnisse dann zum Teil ungesicherter repräsentiert, als sie wirklich sind (Stocking & Holstein, 2009). Wie in der ersten Darstellungsart ist es auch hier zutreffend, dass die Verwendung von nur einer Quelle und das Fehlen von Kontext zu einer Überbetonung der Ungesichertheit führen kann (Corbett & Durfee, 2004; Jensen, 2008; Jensen & Hurley, 2012). Journalisten gelten als besonders angezogen von konfligierender Evidenz, die aus Kontroversen zwischen Wissenschaftlern und/oder auch zwischen Wissenschaftlern und Nicht-Experten resultieren (Stocking & Holstein, 2009; Swain, 2007; Zehr, 2000).

„Scientific uncertainty can […] be appealing to journalists because it can be made to seem like controversy. Journalists are often seeking conflict—a story—and if a science story appears to involve controversy among scientists battling over the truth, that angle may be particularly appealing as news" (Schneider, 2010, S. 176).

Besonders die Kontroverse ist deswegen ein beliebtes Mittel im Journalismus, weil die Berichterstattung dann dramatischer, objektiver und auch ausgewogener wirkt (Stocking, 1997, 1999). Dunwoody (1997) bemerkte, dass Ausgewogenheit nicht bedeuten sollte, zwei Personen mit verschiedenen Ansichten zu finden und ihnen, quantitativ oder auch qualitativ, den gleichen Platz einzuräumen (siehe auch Dunwoody, 1999; Zehr, 1999). Hier könnte es zur *false balance*[25] kommen. Später

---

[25] Die journalistische Norm der Ausgewogenheit erwartet das quantitative und qualitative gleiche Gewicht sich kontrastierender Meinungen, sodass der Journalist neutral bzw. objektiv

(Dunwoody, 2008) bemerkt sie zusätzlich, dass Kontroverse auch ein beliebtes Mittel der Journalisten in solchen Fällen sein könnte, in denen sie selbst nicht richtig einschätzen können, wer eigentlich Recht hat und wo die Wahrheit liegt. Ausgewogenheit hilft dann, wenn die Glaubwürdigkeit einer Quelle nichts zweifelsfrei eingeschätzt werden kann (Hodgetts et al., 2008). Schlussendlich entsteht ein Gefühl von Ungesichertheit aber auch, wenn Journalisten innerhalb einer kurzen Zeitspanne zu einem Thema verschiedene, sich kontrastierende Beiträge verfassen (Zehr, 2000). Sprachlich betrachtet können Rhetorik (wie linguistische Marker), der Konjunktiv und Spekulationen Ungesichertheit zusätzlich hervorrufen (Jensen, 2008; Swain, 2007).

3. *Evidenzsensible Berichterstattung*: Eine dritte Darstellungsart ist jene der im wissenschaftlichen Sinn akkuraten und evidenzsensiblen Berichterstattung, in der Themen dargestellt werden, ohne dass es zu einer Über- oder Unterbetonung der Ungesichertheit oder Gesichertheit kommt (Schneider, 2010). Theoretisch würden wir von einer solchen Berichterstattung erwarten, dass auf die Faktizität und die gesicherten Erkenntnisse neuer wissenschaftlicher Ergebnisse verwiesen wird, ebenso wie auf die Limitationen, Forschungslücken und weitere Quellen von Ungesichertheit, soweit sie denn bestehen. Im Rahmen des public engagement with science-Ansatzes wird eine solche Berichterstattung oft von Wissenschaftlern und anderen öffentlichen Akteuren explizit gefordert, weil ihr das Potenzial attestiert wird, Vertrauen des Publikums in die Wissenschaft zu stärken (Jensen, 2008; Kurath & Gisler; 2009; Maeseele, 2007; Rogers-Hayden & Pidgeon, 2007). Sie wird normativ als Maxime journalistischer Berichterstattung verstanden (Presserat,

---

bleibt und sich nicht direkt einer Meinung anschließt. Im Wissenschaftsjournalismus kann nun der interessante Fall eintreten, dass die Mehrheit der Wissenschaftler einer Theorie/Meinung zustimmt und nur ein kleiner Teil der Wissenschaftler nicht (Beispiele wären der Klimawandel oder der Zusammenhang zwischen Impfungen und Autismus; Boykoff, 2007; Boykoff & Boykoff, 2004). Stellen Journalisten beide Meinungen ausgewogen dar, ohne auf die Stärke der Evidenz zu verweisen, dann sprechen Experten von falscher Ausgewogenheit (= false balance; Dixon & Clarke, 2012, 2013). Dunwoody (1997, S. 46) bemerkt hierzu kritisch: „Balance shouldn't mean finding two people on opposite sides of an issue and giving them equal space in the story." Wie sie vermutet, könne eine ausgewogene Darstellung von Laien falsch verstanden werden.

2015; Schneider, 2010; Wormer & Anhäuser, 2014). Nicht gemeint ist damit, dass Ungesichertheit und Gesichertheit in jedem Fall ausgewogen dargestellt werden müssen – mit Verweis auf das definitorisch eingeführte Kontinuum der wissenschaftlichen Evidenz geht es lediglich um die Grade, die auf beiden Seiten erfüllt werden. Es geht demnach vielmehr um den Hinweis auf beide Seiten (siehe Rowan, 1999).

Die drei vorgestellten Darstellungsarten wissenschaftlicher Evidenz äußern sich sowohl sprachlich explizit als auch implizit (Heidmann & Milde, 2013) oder über verwendetes Bildmaterial (Campbell, 2011; Mathison, 2014; McCabe & Castel, 2008). So gehen Kessler, Reifegerste und Guenther (2016) davon aus, dass wissenschaftliche Evidenz auch in Bildern vermittelt werden kann, und zwar immer dann, wenn sie als Überzeugungsmittel eingesetzt werden. Folgen wir bspw. der Einteilung der evidenzbasierten Medizin, dann könnte ein Diagramm zu einer Studie mit vielen Teilnehmern eine höhere Überzeugungskraft besitzen als eine Darstellung eines Einzelfalls oder ein Porträt des untersuchenden Wissenschaftlers. In einer ersten Untersuchung dazu fand sich ein erhöhtes Wirkungspotential von Artikelversionen mit Bild im Vergleich zu jener Version ohne Bild (Kessler, Reifegerste & Guenther, 2016) auf die positiven Einstellungen zu einer Nanotherapieform, allerdings nur geringe Unterschiede zwischen den untersuchten Bildern, die verschieden stark Evidenz darstellten.

Alle drei vorgestellten theoretischen Darstellungsarten sollten aus einer wissenschaftlichen Perspektive verstanden werden. So kann eine objektive Betrachtung dessen, was eine Überbetonung oder eine evidenzsensible Berichterstattung ist, nicht von außen erfolgen, sondern streng genommen nur von den Experten auf einem jeweiligen Gebiet. Zudem muss hinzugefügt werden, dass eine Nennung von evidenzrelevanten Informationen nicht zwangsweise zwischen den drei Darstellungsarten variieren muss. So können Angaben über Gütekriterien oder den Forschungsprozess sowohl bei einer reinen Darstellung von Gesichertheit als auch von Ungesichertheit verwendet werden.

Die wenigen Forschungsarbeiten, die zu diesem Thema existieren, setzen sich kaum theoretisch mit der Darstellung von (Un)Gesichertheit auseinander. Vielmehr liegen (internationale) Inhaltsanalysen vor, die Bestandsaufnahmen medialer Repräsentationen sind und auf die nachfolgend eingegangen werden soll.

2.2.2   Forschungsstand

2.2.2.1   Darstellung von (Un)Gesichertheit durch Journalisten

Wie bereits deutlich wurde, sind die Ergebnisse internationaler Wissenschaftler zu diesem Thema als inkonsistent zu bewerten: Es scheint so, als würde es Fälle geben, in denen wissenschaftliche Ungesichertheit von Journalisten dominant herausgestellt, nahezu schon übertrieben dargestellt und überbetont wird – und ebenso scheint es Fälle zu geben, in denen wissenschaftliche Ergebnisse komplett gesichert dargestellt werden (bspw. Stocking, 1999). Das deckt sich mit den drei herausgearbeiteten theoretischen Darstellungsarten. Etwas häufiger treten Forschungsergebnisse auf, die von einer zu gesicherten Darstellung von Forschungsergebnissen in den Medien sprechen (siehe Cacciatore et al., 2012; Dudo, Dunwoody & Scheufele, 2011; Olausson, 2009 und Peters et al., 2013; im Kontrast zu Zehr, 2000) und damit Annahmen von Flecks (1979) Theorie zumindest teilweise bestätigen. Es liese sich auch vermuten, dass die Darstellung von (Un)Gesichertheit mit den wissenschaftlichen Domänen zusammenhängt, die in den Inhaltsanalysen betrachtet werden (denn natürlich gilt das Wissen einiger Forschungsbereiche als gesicherter als das anderer Bereiche), aber das bestätigt sich bisher nicht eindeutig.

Ein Beispiel: die Berichterstattung über Nanotechnologie. Eines der zentralen Ergebnisse der Studie von Dudo, Dunwoody und Scheufele (2011, S. 67) ist: „[as] an emerging science and engineering domain, nanotechnology work and products are fraught with uncertainty. Yet newspaper accounts do not emphasize that." Dieses Ergebnis fand sich so auch in deutschen Inhaltsanalysen wieder (Heidmann & Milde, 2013; Metag & Marcinkowski, 2014), zudem nicht nur in traditionellen Medien sondern auch im Internet. Hierzu schrieben Anderson, Brossard und Scheufele (2010, S. 1093) „uncertainty-related themes are generally absent" von der Online-Berichterstattung über Nanotechnologie. Aus den zitierten Ergebnissen könnte nun zweierlei ableitet werden: (1) Nanotechnologie in den Medien wird als eine Wissenschaft mit gesicherten Erkenntnissen dargestellt (siehe auch Collins, 1987; Ebeling, 2008) und (2) Angaben über Ungesichertheit werden nur von einigen Journalisten explizit betont.

Das stimmt jedoch nicht unbedingt. Ein genauerer Blick in die Forschungsliteratur verrät dessen Inkonsistenz. In britischen Zeitungen fanden Anderson, Allan, Petersen und Wilkinson (2005) häufige Angaben über die Risiken und Ungesichertheiten der Nanotechnologie. Schließlich konstituierten Friedman und Egolf (2011), die die Berichterstattung der Risiken der Nanotechnologie in den Vereinigten Staaten von Amerika und Großbritannien untersuchten, dass wissenschaftliche Ungesichertheit in der Hälfte aller Zeitungsartikel auftrat. Ein Grundproblem dieses Vergleichs ist jedoch, dass verschiedene Autoren die Nanotechnologie unterschiedlich definieren und einige nur auf die Risikoberichterstattung fokussieren.

Ein zweites Beispiel: die Berichterstattung über den Klimawandel. Hier finden sich ähnliche Ergebnisse. Während Zehr (2000) resümierte, dass Ungesichertheit ein dominantes Charakteristikum der Klimawandel-Berichterstattung in den Vereinigten Staaten sei, findet Olausson (2009) zum selben Thema in schwedischen Zeitungen die Nennung von Gesichertheit.[26] Haßler, Maurer und Oschatz (2016), die den fünften Intergovernmental

---

[26] Olausson (2009, S. 433) zeigt sich in ihrem Aufsatz durchaus selbst überrascht über dieses Ergebnis und erklärt die Unterschiede, die zumeist mit Studien aus den Vereinigten Staaten von Amerika vorliegen, mit: „American media's tendency to display uncertainty in relation to the climate issue could be interpreted as a manifestation of the inclination to conform to policy discourse."

Panel on Climate Change (IPCC) Bericht des Weltklimarates mit der medialen Berichterstattung verglichen, kommen zu dem Ergebnis, dass in zwei Dritteln aller Fälle die im Bericht genannte Ungesichertheit nicht adäquat repräsentiert wurde, oft sogar ohne eine Nennung dieser Ungesichertheit. Es zeigte sich zudem, dass Ungesichertheit häufiger übernommen wurde, wenn diese im Bericht als nur gering angegeben war. Die Autoren verglichen dies zusätzlich mit der Nennung von Ungesichertheit auf den Internetseiten politischer Parteien. Diese enthielten keinerlei Verweise. Dafür fanden sich Hinweise auf die redaktionelle Linie der in dieser Studie untersuchten Zeitungen:

> „Konservative Printmedien wie die Welt (60%), der Focus (50%), die FAZ (48%) oder die Bildzeitung (44%) und ihre Online-Ausgaben geben die im IPCC-Bericht kommunizierte Ungewissheit deutlich häufiger an ihre Leser weiter als linke Printmedien wie die Süddeutsche Zeitung (38%), die Frankfurter Rundschau (38%) und der Spiegel (32%) und ihre Online-Ausgaben", (Haßler, Maurer & Oschatz, 2016, S. 134).

Der Klimawandel ist zudem eines der Themen, bei denen die false balance dokumentiert wurde: Ob der Klimawandel (1) anthropogene Ursachen hat und (2) Maßnahmen verlangt (Mehrheit der Wissenschaftler) oder nicht (Minderheit der Wissenschaftler) wurde durch die journalistische Ausgewogenheitsnorm (alle Seiten müssen zu Wort kommen) medial zumindest quantitativ sehr oft balanciert dargestellt (vgl. Boykoff und Boykoff (2004) für Ergebnisse aus den Vereinigten Staaten von Amerika).[27] Wie die Autoren vermuten, gelang es so den Klimaskeptikern öffentliches Gehör zu erlangen und weitreichend Ungesichertheit zu kommunizieren. Dies habe u. a. dazu geführt, dass lange keine Maßnahmen gegen den Klimawandel erfolgten (siehe auch Zehr (2000), oder Stocking und Holstein (2009) für weitere

---

[27] Eine qualitative Betrachtung findet nicht statt. So wird zwar gefragt, wie viele Meinungen quantitativ dargestellt werden, es wird aber qualitativ nicht gefragt, welches Evidenzgewicht diese Meinungen beinhalten. Damit wird nur ein Aspekt der Ausgewogenheit berücksichtigt. Ergebnisse der false balance bzgl. des Klimawandels sind in den Vereinigten Staaten von Amerika im Übrigen rückläufig (Boykoff, 2007).

solcher Beispiele, wie den Zusammenhang zwischen Rauchen und Krebs, und Clarke (2008) für den Link zwischen der MMR-Impfung und Autismus).

Peters et al. (2013), um eine letzte Inhaltsanalyse zu nennen, bemerken, dass auch im Feld der Neurowissenschaft nur in rund 18% der Berichterstattung ungesicherte Aussagen vorkommen. Die Forschungsergebnisse sind demnach grundsätzlich nicht einheitlich, deuten aber recht oft in Richtung einer Darstellung von wissenschaftlicher Gesichertheit hin.

2.2.2.2 Darstellung evidenzrelevanter Informationen

Einige Inhaltsanalysen beziehen sich nicht nur auf die generelle Nennung von Angaben über Ungesichertheit und Gesichertheit in den Medien, sondern auch auf die Darstellung von evidenzrelevanten Informationen. Diese haben wir definiert als Angaben über die Forschungsarbeit und den Forschungsprozess wie bspw. über zugrundeliegende Thesen, verwendete Methoden, Auswertungsverfahren oder statistische Kennwerte (siehe bspw. Hijmans, Pleijter & Wester, 2003). Sie dienen dazu, dass Laien sich ein eigenes Bild (über die Evidenzlage) machen können und zu eigenen und besseren Ableitungen gelangen, insofern sie Kenntnis über diese Angaben besitzen oder auch durch Massenmedien erlernen. So mache es bspw. einen Unterschied, ob ein Artikel explizit aussagt, dass es sich bei den vorgestellten Ergebnissen um solche einer Meta-Analyse, einer einfachen Studie oder einer Fallstudie handelt (vgl. GRADE Working Group, 2004). Diese Angaben dienen demnach dazu, die Evidenz und Bedeutsamkeit eines wissenschaftlichen Ergebnisses nachvollziehen und evaluieren zu können, bzw. dann auch in konkreten Entscheidungsprozessen zu berücksichtigen.

Studien, die sich der Frage widmen, ob evidenzrelevante Angaben in journalistischen Beiträgen vorkommen, verneinen dies häufig. Beispielsweise haben Racine, Waldman, Rosenberg und Illes (2010) Nachrichtenartikel über Neurotechnologie untersucht, die in größeren Zeitungen der Vereinigten Staaten von Amerika und Großbritannien erschienen. In weniger als der Hälfte der Beiträge wurden relevante methodische Angaben (wie die Stichprobengröße), sowie Details über die Finanzierungsquellen oder Bedarf an der Replikation der Ergebnisse dargestellt. Zudem kam es eher selten vor, dass die Artikel überhaupt erklärten, was Neurotechnologie ist. Die Autoren dieser Studie vermuten, dass eine solche journalistische Darstellung eher negative Folgen für ein Laienpublikum besäße, weil die Gültigkeit der Erkenntnisse aus der Neurotechnologie medial als frei von Zweifeln porträtiert wird – wissenschaftlich gesehen, sei das nicht richtig.

Cooper et al. (2012) analysierten ebenfalls evidenzrelevante Informationen, die sie als statistische und methodische Evidenzangaben definierten (anhand der Evidenzlevel). Im Ergebnis zeigte sich, dass diese Informationen in der Mainstream-Berichterstattung über Diät- und Ernährungsberatung weitgehend fehlen. Wormer (2011) wies darauf hin, dass die Berichterstattung der Medien über medizinische Kenntnisse ebenfalls Informationen über wissenschaftliche Methoden und die Limitationen der wissenschaftlichen Ergebnisse nicht bereitstellte.

Schließlich untersuchten Hijmans, Pleijter und Wester (2003, S. 164) niederländische Zeitungen und kommentierten ein Fehlen evidenzrelevanter Angaben folgendermaßen: „ [These] subjects are difficult to handle for science writers or journalists who lack space and seek to render the research accessible for the public." In den 624 Berichten, die diese Forscher analysierten, gab es nur drei Artikel die einen Bezug zu Signifikanzen, Korrelationen, Standardfehlern, Messfehlern oder der Reliabilität herstellten. Generell erschienen Angaben zu statistischen Begriffe und Methoden nur gelegentlich in den untersuchten niederländischen Zeitungen. Statistische Informationen (wie *einer von dreien*) tauchten aber in mehr als der Hälfte der untersuchten Artikel auf.

Mellor (2015) geht sogar noch einen Schritt weiter und nennt einige evidenzrelevante Informationen, wie jene über Limitationen, Non-Nachrichtenfaktoren (*non-news values*), also Faktoren, die für Journalisten nicht relevant sind und deshalb systematisch in der Berichterstattung fehlen.

Darunter fallen bei ihr bspw. Angaben zu Finanzierungsquellen, die medienunabhängig in rund 81% der britischen Zeitungen nicht thematisiert werden (und das obwohl Pressematerialien diese häufiger erwähnten). In zwei Dritteln des von ihr untersuchten Samples fehlten des Weiteren Faktoren wie Limitationen und Ungesichertheiten.[28] Auch Hinnant und Len-Ríos (2009) betonen, dass Medizinjournalisten methodische und statistische Angaben gern gegen einen *human touch* in personalisierten Beiträgen austauschen.

Anhand der referierten Studien kann demnach festgehalten werden, dass evidenzrelevante Informationen eher selten in den Massenmedien angesprochen werden. Beziehen wir diesen Umstand zurück auf Fleck (1979), dann lässt sich das mit seiner Theorie verbinden: Evidenzrelevante Informationen scheinen nur sehr selten den esoterischen Kreis von Wissenschaftlern zu verlassen; und dies könnte, wie gezeigt, bereits mit den Pressematerialien wissenschaftlicher Institutionen beginnen und sich dann auch auf den Journalismus auswirken. Dunwoody (1999) führt den Umstand, dass Journalisten selten Forschungsmethoden und -prozesse abbilden, darauf zurück, dass die episodische Berichterstattung eine Momentaufnahme sei, die eher auf konkrete Ereignisse, als auf länger anhaltende Prozesse abziele Es scheint also Erklärungsansätze zu geben, die im Journalismus selbst zu suchen sind.

Wie sich in den in diesem Kapitel vorgestellten Studien aber auch zeigte, stammen die meisten Forschungsergebnisse aus den Vereinigten Staaten von Amerika oder Großbritannien. Für Deutschland liegen erst wenige Ergebnisse vor (siehe bspw. Metag & Marcinkowski, 2014). Zudem sind die hier vorgestellten Studien methodisch nicht einheitlich und zum Teil verbesserungswürdig – genau hier setzen die anschließend vorgestellten eigenen Studien an, die als aktuelle empirische Bestandsaufnahme im Folgenden thematisiert werden sollen.

---

[28] Es sei kritisch anzumerken, dass das Fehlen einer Information, aufgedeckt durch eine Inhaltsanalyse, nicht zweifelsfrei auf den Journalisten zurückzuführen ist. Um zu untersuchen, ob Journalisten Informationen systematisch als nicht-berichtenswert erachten, sind zusätzliche Befragungen vonnöten.

2.2.3   *Aktuelle empirische Bestandaufnahme*

Die Inhaltsanalysen, die in den DFG-Projekten durchgeführt wurden, verbinden zwei zentrale Theoriestränge miteinander, das sind zum einen die epistemologischen Überzeugungen und zum anderen das Framing.[29] Im Folgenden sollen jeweils erst die beiden Theorien vorgestellt und im Anschluss auf die spezifischen Ergebnisse aus den eigenen Projekten eingegangen werden. Auf beide Theoriestränge wurde bisher nicht verwiesen, weil sich bisherige Arbeiten wenig (kommunikationswissenschaftlich-)theoretisch mit diesem Thema auseinandersetzen. Zugleich wurde in den Projekten auf diese Theorien fokussiert, weil sie in der Lage sind den Forschungsstand zu erweitern und sie (theoretisch-)fundierte Zugänge zur Darstellung wissenschaftlicher Evidenz ermöglichen.

2.2.3.1   Epistemologische Überzeugungen

Die Forschung auf diesem Gebiet geht davon aus, dass jedes Individuum unterschiedliche epistemologische Überzeugungen ausgebildet hat (Hofer, 2001). Es handelt sich hierbei um individuelle Kognitionen (wie Vorstellungen) über die Natur des Wissens und des Wissenserwerbs (Conley, Pintrich, Vekiri & Harrison, 2004; Kienhues, Bromme & Stahl, 2008; Wegner, Weber & Fischer, 2012), die wichtig bei Fragen des Lernens und Verstehens neuer Informationen werden. In den letzten Jahren haben sich vor allem Psychologen und Pädagogen/Erziehungswissenschaftler mit diesem Thema beschäftigt.

Epistemologische Überzeugungen sind recht stabile Kognitionen, die sich dennoch ein Leben lang ändern können (Louca, Elby, Hammer &

---

[29] Im deutschen ist eigentlich eher vom Framing-Ansatz die Rede, während im englischen durchaus auch von Theorie gesprochen wird (Matthes, 2014).

Kagey, 2004). Es wird von einem Entwicklungsprozess ausgegangen: Individuen verstehen Wissen zunächst als objektiv, stabil und gesichert (eher naive Vorstellungen von Wissen). Erst später beginnen sie zu verstehen, dass Wissen komplexer ist, zudem relativistisch, ungesichert und veränderbar (eher elaborierte Vorstellung; Kienhues, Bromme & Stahl, 2008). Hofer und Pintrich (1997) identifizierten vier zusammenhängende und empirisch gestützte epistemologische Dimensionen, die diesen Entwicklungsprozess abbilden können und im Zentrum relevanter Forschungsarbeiten stehen (siehe auch Hofer, 2001, 2004ᵃ, 2004ᵇ; Hofer & Pintrich, 2002) und deshalb näher beschrieben werden sollen.

Die erste Dimension ist die Gesichertheit des Wissens (*certainty of knowledge*), dessen wahrgenommene Stabilität auf der einen, bzw. Ungesichertheit und Vorläufigkeit auf der anderen Seite. Diese Dimension bildet Überzeugungen ab, die (empirisches) Wissen als etwas Absolutes and Festes im Kontrast zu etwas sich stetig Veränderbarem wahrnehmen. So können bspw. Rezipienten, je nachdem wie ihnen Wissen (medial) präsentiert wird, lernen, dass es sich um mehr oder weniger stark gesichertes Wissen handelt. Diese erste Dimension steht im stärksten Zusammenhang mit dem Thema dieses Buches. Die zweite Dimension bezieht sich auf die Struktur und Einfachheit des Wissens (*simplicity of knowledge*). Wissen kann aus einzelnen Daten und Fakten bestehen oder in größere theoretische und methodische Zusammenhänge eingebettet sein, zum Teil sogar kontrovers diskutiert werden. Dimension drei handelt von den Quellen des Wissens (*source(s) of knowledge*). Wissen kann von einer externen Quelle übernommen oder durch die Gegenüberstellung mehrerer Quellen dargestellt werden. Hier sei auch auf die Qualität verschiedener Quellen verwiesen. Die vierte Dimension, Begründung des Wissens (*justification for knowing*), behandelt, ob Wissen eher wissenschaftlich oder außerwissenschaftlich begründet wird (Hofer 2001; Hofer 2004ᵃ; Hofer & Pintrich 1997).[30]

---

[30] Die vier Dimensionen können jeweils als Kontinuum zwischen eher naiven und mehr elaborierten Vorstellungen angesehen werden. Individuen können ebenso auf einer Dimensi-

Da die meisten Studien zu diesem Thema davon ausgehen, dass die Mehrheit der Erwachsenen keine wirklich elaborierten Vorstellungen von Wissen und Wissenserwerb besitzen (vgl. Hofer, 2001), wird eine fortdauernde Kultivierung dieser Vorstellungen, zum Beispiel durch Lehrende oder die Nutzung von Massenmedien, von einigen Wissenschaftlern empfohlen. Hierzu liegen erste empirische Ergebnisse vor, auf die im Kapitel 2.3 kurz eingegangen wird.

Bei den Forschungsarbeiten zu diesem Thema handelt es sich generell zumeist um solche, die auf Rezipienten und antizipierte Wirkungen schauen. Gehen wir jedoch davon aus, dass auch Medien relevantes wissenschaftliches Wissen vermitteln und eine Wirkung auf das Laienpublikum besitzen, dann stellt sich die Frage, welche epistemologischen Dimensionen[31] massenmedial dargestellt werden (und streng genommen auch wie diese wirken). Dies ist eine Frage, der sich in den DFG-Projekten gewidmet wurde. Es geht demnach darum, wie (un)gesichert, simplifiziert, mit welchen Quellen und wie begründet Wissen medial dargestellt wird.

2.2.3.2   Epistemologische Dimensionen im Wissenschaftsfernsehen

In Kessler und Guenther (2013) oder auch Kessler, Guenther und Ruhrmann (2014) wurden die epistemologischen Dimensionen in einer Stichprobe des Wissenschaftsfernsehens untersucht.[32] Es handelt sich hier-

---

on sehr elaborierte Vorstellungen ausgebildet haben und auf den anderen nicht (Kienhues, Bromme & Stahl, 2008). Genauso ist es möglich, dass ein Individuum sehr elaborierte Vorstellungen von Wissen im Bereich der Medizin, aber nicht im Bereich der Physik hat.

[31] Überzeugungen sind auf der Individualebene anzuordnen. Geht es um Inhalte, die medial vermittelt werden, dann ist dieser Begriff nicht zu verwenden. Deshalb wird hier von Dimensionen gesprochen (Guenther & Kessler, 2016).

[32] Es handelt sich hierbei um 204 Fernsehbeiträge zum Themenfeld Molekulare Medizin, die in Wissenschaftsmagazinen (wie *Nano* (3sat)oder *Quarks und Co* (WDR)) in den Jahren 2008 und 2009 ausgestrahlt wurden. Nähere Informationen zur Methode, den Variablen und Auswertungsverfahren sind bitte den zitierten Originalbeiträgen zu entnehmen.

bei um die ersten Studien, die diese Überzeugungen auf Medieninhalte über-
setzen und analysieren. Zugrundeliegendes Ziel war es, herauszufinden,
inwieweit diese Dimensionen im Fernsehen dargestellt werden, auch um
potentielle Wirkungen zu prognostizieren.

Im Ergebnis zeigte sich, dass bezüglich der ersten Dimension
(Gesichertheit des Wissens) das Wissen in den untersuchten Fernsehmaga-
zinen nur in äußerst seltenen Fällen als absolut gesichert dargestellt wurde
(nur in 7%). Mehrheitlich wurde die Ungesichertheit thematisiert (63%),
allerdings nur in 17% davon kamen sowohl ungesicherte aus auch gesicherte
Aspekte gleichermaßen zur Sprache. Ob in den Beiträgen (Un)Gesichertheit
über- oder unterbetont wurde, konnte mittels einer Inhaltsanalyse, ohne eine
Einschätzung von Experten auf dem jeweiligen Gebiet, nicht erfolgen. Bezüglich der zweiten Dimension (der Struktur des Wissens) zeigte sich, dass
in 71% der Beiträge keine Kontroversen oder divergierenden Meinungen
dargestellt wurden. Wissen im Bereich der Molekularen Medizin wird also
eher als einfach dargestellt. Und das obwohl in 58% aller Beiträge mehr als
eine Quelle zu Wort kommt (dritte Dimension: Quellen des Wissens). In
21% des untersuchten Materials wurde nur eine Quelle dargestellt. Schließlich zeigte sich für die vierte Dimension (Begründung des Wissens), dass in
fast identisch vielen Fällen das Wissen wissenschaftlich (40%) oder überhaupt nicht begründet (39%) wurde (vgl. für alle Ergebnisse Kessler &
Guenther, 2013; Kessler, Guenther & Ruhrmann, 2014).

Dabei zeigte sich zusätzlich, dass gerade die Fernsehbeiträge, die neueste wissenschaftliche Forschungsergebnisse vorstellen, noch am häufigsten
Ungesichertheit darstellen, auf die meisten Quellen verweisen und wissenschaftliche Begründungen präsentieren. Bezüglich der Darstellung von
Kontroversen gab es keinen nennenswerten Unterschied zwischen verschiedenen Beitragsarten. Das steht im starken Kontrast zu Beiträgen, die
Grundlagenwissen darstellen: Hier werden Ergebnisse besonders gesichert
dargestellt, die wenigsten Quellen (und oftmals sogar gar keine) verwendet
und Wissen zudem kaum begründet. Oftmals handelt es sich hierbei um
Erklärstücke zu medizinischen Themen.

Zusammengefasst zeigte sich also, dass Ungesichertheit im Bereich Molekularer Medizin zum Teil häufig dargestellt wird. Lassen wir uns auf eine normative Diskussion der Ergebnisse ein, würde eine Ableitung wahrscheinlich heißen, dass dennoch eher wenige elaborierte epistemologische Dimensionen medial präsentiert werden. In fast einem Drittel der untersuchten Fälle (30%) wird die Gesichertheit oder Ungesichertheit von Wissen beispielsweise gar nicht thematisiert. Aus wissenschaftlich-normativer Sicht noch am elaboriertesten zu bewerten, sind wahrscheinlich die Dimensionen 1 und 3: Journalisten erwähnen in einigen Fällen Ungesichertheit und sie präsentieren mehrere Quellen. Dies könnte, laut Theorie, potentiell die epistemologischen Überzeugungen von Rezipienten fördern. Kontroversen oder die Darstellung divergierender Sichtweisen scheint für den Themenbereich Molekulare Medizin nicht häufig zu einem wichtigen Nachrichtenfaktor zu werden – die Gründe hierfür können vielfältig sein, ebenso wie jene, warum Ungesichertheit nicht in allen untersuchten Beiträgen auftritt.

Wenn Ungesichertheit vorgestellt wird, dann liegt der thematische Fokus zumeist auf neuesten Forschungserkenntnissen. Diese Form der Darstellung könnte, wieder normativ betrachtet, laut Theorie am besten dazu geeignet sein, ausgereiftere epistemologische Überzeugungen bei Rezipienten medialer Beiträge zu fördern (zu den getesteten Wirkungen dieser Annahme, siehe Guenther & Kessler (2016) und Kapitel 2.3). Beziehungsweise, und in Verbindung mit dem public engagement with science-Ansatz, könnte hier am ehesten Dialog entstehen, weil es sich um eine Darstellungsform handelt „[that promotes] dialogue, learning, and social connections and [allows] citizens to recognize points of agreement while also understanding the roots of dissent", (Nisbet & Scheufele, 2009, S. 1771).

Die vorgestellten Studien sind eine erste Bestandsaufnahme, die in einer zusätzlichen Framing-Analyse, der dieselbe Stichprobe zu Grunde liegt, weiter vertieft wurden. Zunächst soll aber das Framing-Konzept kurz vorgestellt werden.

2.2.3.3   Framing

Framing, so wie es hier verstanden wird[33], folgt der weitreich anerkannten Definition Entmans (1993, S. 52):

> „To frame is to select some aspects of perceived reality and make them more salient in a communicating text, in such a way as to promote a particular problem definition, causal interpretation, moral evaluation, and/or treatment recommendation for the item described."

Damit sind vier zentrale Elemente eines Frames angesprochen: Problemdefinition, kausale Ursachenzuschreibung, (moralische) Bewertung und Lösung/Handlungsempfehlung. Ein spezifisches Thema in den Medien kann demnach nach diesem Muster dargestellt werden – es findet ein problemorientierter Aufriss statt, der kausal anhand von Personen oder Situationen begründet und moralisch verschieden positiv und/oder negativ bewertet wird. Zudem werden im Ausblick dann auch mögliche Lösungen des Problems angesprochen oder konkrete Empfehlungen gegeben.

Folgen wir Entmans (1993) Definition, werden in medialen Texten bestimmte Aspekte eines Themas mehr oder weniger stark betont und andere Aspekte ausgelassen (siehe auch Matthes, 2014). Dies steht im Einklang mit der Bemerkung, dass Journalisten selektiv bei der Auswahl von Themen und Inhalten vorgehen müssen. Framing, unter dieser Definition (die der soziologischen Strömung des Framing-Ansatzes folgt, siehe Borah, 2011)[34], wird

---

[33] Frames können an mehreren Stellen im Kommunikationsprozess auftreten, so bei Kommunikatoren und Journalisten, in Texten, bei Rezipienten und im kulturellen Kontext (Entman 1993; Gamson & Modigliani, 1989), dies ist einer der großen Vorteile dieser Theorie. Für eine kritische Auseinandersetzung dazu, was Framing ist und was nicht bzw. welche theoretischen Zugänge existieren, siehe Scheufele und Scheufele (2010).
[34] Wenn es um die Effekte von Frames auf Rezipienten oder generell um kognitive Frames geht, dann wird von der eher psychologisch orientierten Strömung des Framing gesprochen (siehe Borah, 2011; Guenther et al., 2015a). Es wird davon ausgegangen, dass Frames besonders dann wirken, wenn sie anwendbar sind, bspw. wenn schon ein Schema beim Empfänger

dann angewandt, wenn wiederkehrende Muster in der Berichterstattung identifiziert werden sollen (siehe Matthes & Kohring, 2008): so genannte Darstellungsmuster, oder eben mediale Frames. Frames in medialen Texten meint dann, dass Bezugs- oder Interpretationsrahmen geschaffen werden, von denen aus Themen, Inhalte oder auch Akteure betrachtet werden können (Matthes, 2014)[35]; Frames zeigen auch auf, warum Themen wichtig sind (Nisbet & Scheufele, 2009).

Oft werden hierbei die vier Frame-Elemente inhaltsanalytisch operationalisiert und codiert, und dann cluster-analytisch zusammengefasst um die angesprochenen Muster zu identifizieren (siehe auch Kohring & Matthes, 2002).[36] „That means when some elements group together systematically in a specific way, they form a pattern that can be identified across several texts in a sample. We call these patterns frames" (Matthes & Kohring, 2008, S. 263).

Framing wurde in den DFG-Projekten nicht genutzt um typische Darstellungsweisen von Themen in den Medien zu rekonstruieren. Vielmehr ging es darum, die Frames zu bestimmen, die für die Repräsentation wissenschaftlicher Evidenz stehen (Ruhrmann et al., 2015), sozusagen um Frames wissenschaftlicher Evidenz. Das Konstrukt wissenschaftliche Evidenz wird dabei auch zu einem typischen Muster der Berichterstattung und kann mittels der Frame-Elemente operationalisiert werden.[37] Ein solcher Ansatz

---

vorhanden ist (Nisbet & Scheufele, 2009). Die soziologisch orientierte Strömung des Framings ist interessiert an Frames in den Medien.

[35] Es wird zusätzlich zwischen inhaltlichen und formal-abstrakten Frames unterschieden, siehe Matthes (2014).

[36] Dieses empirische Vorgehen bietet einige Vorteile, so werden keine vorformulierten Frames in den Texten gesucht, sondern Einzelvariablen operationalisiert. Das erhöht die Validität und Reliabilität der Analyse (Matthes & Kohring, 2008; siehe auch Donk, Metag, Kohring & Marcinkowski., 2012). Darüber hinaus gibt es viele verschiedene methodische Vorgehensweisen, um Frames zu bestimmen.

[37] Die Stichprobe ist hierbei identisch mit jener der epistemologischen Dimensionen, die bereits vorgestellt wurde. Um ein Operationalisierungsbeispiel für die Frame-Analyse zu geben: Die Problemdefinition ist klassischerweise definiert über die auftretenden Akteure und Themen (Matthes & Kohring, 2008). In unserer Studie traten Variablen wie Gesichert-

findet sich in der Literatur bisher nicht (siehe Ruhrmann et al., 2015). Er soll nachfolgend vorgestellt werden.

2.2.3.4   Darstellung von (Un)Gesichertheit, evidenzrelevanter Informationen und Frames wissenschaftlicher Evidenz

Die Darstellung von (Un)Gesichertheit in der Stichprobe ist konsequenterweise identisch mit jener die bereits bei den epistemologischen Dimensionen dokumentiert ist, deshalb soll auf bereits vorgestellte deskriptive Verteilungen an dieser Stelle verzichtet werden. Weiterführende Analysen der Variablen zeigen, dass, obwohl Ungesichertheit in 63% der Fernsehbeiträge thematisiert wurde, diese nur in rund 40% auch begründet wird. Wird sie begründet, dann zumeist damit, dass Forschungslücken existieren (22%), dass Zweifel an der Anwendung am Menschen vorliegen (11%) oder verschiedene Interpretationsmöglichkeiten der Daten bestehen (8%). Evidenzrelevante Informationen kamen in dieser Stichprobe insgesamt in mehr als der Hälfte der Beiträge vor: Testverfahren werden in 44% erwähnt, das Untersuchungsdesign in 23%, eine explizite Angabe wie viele Studien durchgeführt wurden in 13%, und Repräsentativität wird in ebenfalls 13% der Beiträge erwähnt. Angaben zur Objektivität werden in 4% getätigt (für alle Ergebnisse, siehe Ruhrmann et al., 2015). Sowohl Ungesichertheit als auch evidenzrelevante Informationen scheinen demnach in dieser Stichprobe häufiger aufzutreten als in anderen internationalen Studien. Das könnte am Thema der Molekularen Medizin und/oder der Fokussierung auf Fernsehbeiträge liegen.

Allgemein wird auch ersichtlich, wie stark sich die Medienberichterstattung bei der Darstellung von wissenschaftlicher Evidenz und von

---

heit und Ungesichertheit eines wissenschaftlichen Ergebnisses zu diesen hinzu (siehe Ruhrmann et al., 2015).

evidenzrelevanten Informationen zwischen Beiträgen zum selben Themenbereich unterscheidet. Eine Frame-Analyse ist in der Lage diese Unterschiede noch deutlicher herauszuarbeiten. In der vorliegenden Untersuchung wurden über eine Clusteranalyse vier mediale Frames wissenschaftlicher Evidenz identifiziert (siehe Ruhrmann et al., 2015), die nachfolgend etwas genauer vorgestellt werden sollen.

Ein erster Frame bildet wissenschaftliche Evidenz als ungesichert ab und legt einen Schwerpunkt auf wissenschaftliche und gesellschaftliche Kontroversen (*Scientific uncertainty and controversy*). In diesem Frame treten neben Wissenschaftlern auch politische Akteure auf, inhaltlich geht es oftmals um soziale Fragestellungen. Zudem werden häufig Risiken erwähnt. Dennoch erfolgt die Bewertung oft ausgewogen und bedenkt sowohl negative als auch positive Aspekte. Ein zweiter Frame dreht sich um wissenschaftlich gesicherte Fakten (*Scientifically certain data*). Die Gesichertheit wird zwar dargestellt, selten jedoch diskutiert oder begründet. Zudem treten kaum Akteure auf – es geht um die Darstellung wissenschaftlicher Fakten (ähnlich haben wir das bereits bei den epistemologischen Dimensionen gesehen). Um medizinische Risiken geht es im dritten Frame (*Everyday medical risks*) in dem häufig praktizierende Ärzte und Patienten auftreten und oft von eigenen Erfahrungen berichten. Durch den Bezug zu Risiken gelten Bewertungen in diesem Frame als eher negativ, Ungesichertheit wird eher selten thematisiert. Ein vierter Frame (*Conflicting scientific evidence*) hebt die Ungesichertheit dominanter hervor und hat einen deutlicheren wissenschaftlichen Fokus. So tauchen in nahezu allen Beiträgen dieses Frames Wissenschaftler auf. Hier geht es vor allem um neueste Ergebnisse, evidenzrelevante Informationen kommen häufiger zur Sprache und besonders hervorgehoben werden konfligierende wissenschaftliche Ergebnisse. Dieser Frame erinnert auch an die Darstellung epistemologischer Dimensionen.

Zusammenfassend zeigt sich also in dieser Studie, dass Journalisten in ihren medialen Beiträgen tatsächlich verschiedene Frames verwenden, um wissenschaftliche Evidenz darzustellen. Die Frames sind ein erster Anhaltspunkt, auf welch vielfältige Arten und in welchen Kontexten (Un)Gesichertheit repräsentiert werden kann. Es scheint, als sei es eher selten, dass gesicherte Fakten mit ungesicherten Aspekten verbunden werden – was aus wissenschaftlicher Perspektive durchaus überrascht, haben wir wissenschaftliche Evidenz doch als Kontinuum zwischen zwei Polen definiert. Zudem werden Risiken häufiger im Kontext der Ungesichertheit thematisiert (siehe Ruhrmann et al., 2015 aber auch Metag & Marcinkowski, 2014), während Grundlagen und Anwendungsmöglichkeiten eher gesichert dargestellt werden. Erneut, aus wissenschaftlicher Perspektive betrachtet, müssen Grundlagen nicht zwangsweise gesicherter sein als neue Forschungsbefunde; manchmal entbrennen die größten Kontroversen um Wissen, das als Grundlagenwissen angesehen wird.

Dass Ungesichertheit oft mit Risiken verbunden wird, könnte aus der wissenschaftlich-technischen Risikodefinition resultieren. Verstehen wir ein Risiko als das Produkt von Schadenshöhe und Eintrittswahrscheinlichkeit (im Überblick Guenther, Ruhrmann & Milde, 2011; Ruhrmann & Guenther, 2014[b], oder auch Renn, 2010; Renn, Schweizer, Dreyer & Klinke 2007), dann gibt es tatsächlich unzählige Fälle in denen wissenschaftliche Ungesichertheit sowohl über eine Schadenshöhe als auch dessen Eintrittswahrscheinlichkeit besteht. Das beginnt schon mit der einfachen Aussage, dass Rauchen Krebs verursachen kann. Es existieren keine genauen Angaben darüber wie hoch die Chance ist durch Rauchen an Krebs zu erkranken. Zudem liegen Risiken in der Zukunft, auch das bedingt wissenschaftliche Ungesichertheit über eventuelle Schadenshöhen und Eintrittswahrscheinlichkeiten. Wiedemann et al. (2009) gehen noch einen Schritt weiter, wenn sie betonen, dass es auch Ungesichertheit über die Wirksamkeit des Risikomanagements geben kann. Es bleibt aber unklar, ob diese Arten der Ungesichertheit tatsächlich auf wissenschaftliches Wissen zurückzuführen sind und damit in den Gegenstandbereich wissenschaftlicher Evidenz fallen. Es bedarf grundsätzlich einer genaueren theoretischen Auseinandersetzung über den Zusammenhang zwischen wissenschaftlicher Evidenz und Risiken, die an dieser Stelle zu weit führen würde (im Ansatz zudem Wiedemann,

Schütz & Thalmann, 2008). Diese Auseinandersetzung sollte theoretisch beginnen und dann empirische Ergebnisse liefern.

Die bisherig vorgestellten Ergebnisse stammen aus einem Datensatz zum Themenbereich der Molekularen Medizin. Innerhalb der DFG-Projekte wurde ein zweiter Datensatz zur Berichterstattung über Nanotechnologie erhoben (siehe Heidmann & Milde, 2013; Guenther, Milde & Ruhrmann, 2014). Auf den Vergleich beider Domänen soll abschließend kurz eingegangen werden.

Zwar hat der Theorieteil gezeigt, dass sich zwischen Themen nicht zwangsweise Unterschiede in der Darstellung von (Un)Gesichertheit zeigen, da beide hier verwendeten Datensätze aber zum Großteil von den gleichen Forschern bearbeitet und zum Teil dieselben Variablen verwendet wurden, ist ein Vergleich aussagekräftiger als wenn zwei absolut unabhängige Studien von unterschiedlichen Wissenschaftlern gegenübergestellt werden (vgl. Kapitel 2.2.2). Zudem wird im folgenden Kapitel auf eine weitere aktuelle Inhaltsanalyse (Guenther, Bischoff, Löwe, Marzinkowski, Voigt & Kötter, 2016) eingegangen, in der die Erkenntnisse aus den vorherigen Inhaltsanalysen gebündelt und angewandt wurden.

2.2.3.5 Vergleich zur medialen Darstellung der Nanotechnologie und generellen Wissenschaftsberichterstattung

Im Vergleich wurde festgestellt, dass die Nanotechnologie deutlich gesicherter dargestellt wird als die Molekulare Medizin (siehe Tabelle 1).[38] Noch deutlicher im Themenbereich Nanotechnologie fand sich die Korrelation zwischen einer Darstellung von Ungesichertheit und einer Darstellung von

---

[38] Einschränkend sollte gesagt werden, dass die Inhaltsanalyse zum Thema Molekulare Medizin nur Fernsehbeiträge betrachtete, während die Inhaltsanalyse zur Nanotechnologie Fernsehbeiträge, Zeitungs- und Zeitschriftenartikel berücksichtigte (siehe Heidmann & Milde, 2013).

Risiken (siehe dafür auch Metag & Marcinkowski, 2014), zudem fanden sich Anhaltspunkte, dass die Chancen der Nanotechnologie eher wissenschaftlich gesichert dargestellt werden (siehe vor allem Heidmann & Milde, 2013; Guenther, Milde & Ruhrmann, 2014).

Die Berichterstattung über Molekulare Medizin scheint zudem zwischen Risiken und Chancen zu balancieren, während für die Nanotechnologie der deutliche Bezug auf Chancen auffällig ist (siehe bspw. auch Anderson et al., 2005). Aus diesem Ergebnis ist deshalb abzuleiten, dass es doch thematische Unterschiede in der Berichterstattung über die Evidenz verschiedener Wissenschaftsthemen geben könnte.

Tabelle 1:   Darstellung beider untersuchter Themen

Variablen	Berichterstattung über	
	Molekulare Medizin	Nanotechnologie
Ungesichertheit	63%	28%
Gesichertheit	25%	52%
Chancen	84%	86%
Risiken	71%	22%

In einer aktuellen Inhaltsanalyse aus dem Jahr 2015 wurde vertiefend getestet, inwieweit verschiedene Wissenschaften unterschiedlich evident in den Medien repräsentiert werden. Im Ergebnis zeigte sich erneut, dass es sich lohnt nach thematischen Differenzen zu suchen: Ungesichertheit wird häufiger in den Naturwissenschaften und der Medizin thematisiert und zudem häufiger auf expliziten Wissenschaftsseiten als bspw. in den Sozialwissenschaften, über die zudem öfter in anderen Ressort berichten wird (Guenther et al., 2016). Gesichertheit wird in allen Disziplinen gleich stark betont. Zudem werden auch evidenzrelevante Informationen im Vergleich häufiger in den Naturwissenschaften und der Medizin und wiederum öfter auf genuinen

Wissenschaftsseiten genannt.[39] Dies betrifft vor allem Angaben darüber, ob es sich um eine Pilotstudie handelt, Angaben über die Stichprobe, Erhebungsinstrumente, Zeitraum der Messung, Anwendungsverläufe, Vorgehen bei der Auswertung und Vergleiche zu anderen Studien. Wie die Studie aber auch verdeutlicht, werden sowohl Ungesichertheit als auch Gesichertheit zwischen den Disziplinen nicht unterschiedlich begründet, auch deshalb, weil kaum Begründungen gegeben werden (Guenther et al., 2016).

Barke (2009) bemerkt zudem, dass Ungesichertheit in den Naturwissenschaften eher auf Limitationen, Messfehler und Probleme der Replizierbarkeit abzielt, während Ungesichertheit in den Sozialwissenschaften oft stochastische oder epistemologische Kriterien betrifft. Dementsprechend sollten für verschiedene wissenschaftliche Disziplinen eventuell unterschiedliche evidenzrelevante Kriterien definiert werden.

Wie mehrfach angesprochen, liefern Inhaltsanalysen jedoch nur Einblicke in die mediale Repräsentation bestimmter Themen. Interessant ist es dann auch immer zu fragen, wie diese Darstellungsweisen auf Rezipienten wirken. Dies soll abschließend in einem Exkurs beantwortet werden.

2.3   Exkurs: Wirkung verschiedener Darstellungsformen auf Rezipienten

Erst wenige Studien untersuchten bisher, wie Rezipienten verschiedene Evidenzdarstellungen rezipieren und verstehen bzw. welche Verhaltenskonsequenzen daraus resultieren könnten (Campbell, 2011; Corbett & Durfee, 2004; Jensen, 2008), sowie welche Arten der Evidenzdarstellung für das Evidenzverständnis von Laien förderlich sind (Retzbach & Maier, 2015; Retzbach et al., 2013). Aus wissenschaftlicher Perspektive ließe sich zweier-

---

[39] Der Vergleich bezieht sich nur deshalb auf Natur-, Medizin- und Sozialwissenschaften, weil im Untersuchungszeitraum zu wenig Berichterstattung aus dem Bereich der technischen Wissenschaften und Geisteswissenschaften stattfand.

lei vermuten: (1) Eine Darstellung von Ungesichertheit fördert das Verständnis von Ungesichertheit und (2) eine evidenzsensible Darstellung sei zu empfehlen, weil sich Rezipienten dann eine eigene Meinung bilden können (siehe auch Miles & Frewer, 2003). Zudem kann eine offene und transparente Kommunikation Vertrauen stärken. Das ist kompatibel mit dem scientific literacy-Konzept (Miller, 1983, 2004; Retzbach, Otto & Maier, 2015; siehe Kapitel 1.1.3). Laien benötigen hierfür jedoch u. a. ein Verständnis wissenschaftlicher Inhalte, Methoden und Verfahren, um die gegebenen Informationen dann auch richtig einordnen zu können. Massenmedien könnten sich besonders eignen dieses Verständnis zu fördern (Cacciatore et al., 2012), bspw. über epistemologische Überzeugungen (Guenther & Kessler, 2016). Zudem stimmt die Argumentation mit den Forderungen des public engagement with science-Ansatzes (vgl. Kapitel 1.1.3) überein.

Zur Darstellung von Ungesichertheit sei zu sagen, dass längst nicht immer die antizipierten Effekte auftreten (Retzbach & Maier, 2015). So wurde bspw. herausgefunden, dass sowohl Beiträge mit gesicherter als auch ungesicherter Evidenzdarstellung im Bereich der Nanotechnologie das Interesse an Wissenschaft erhöhen können (vgl. Retzbach et al., 2013 mit Retzbach & Maier, 2015). Effekte auf Wahrnehmungen der Wissenschaft oder Vertrauen in diese waren in Retzbach und Maier (2015) nicht zu finden. Dafür zeigte sich, dass Fernsehbeiträge, die Gesichertheit darstellen, auch genau diesen Eindruck bei Rezipienten hervorrufen; ungesicherte Beiträge hatten keine solchen Effekte (Retzbach et al., 2013).

Entgegen dem Postulat der *uncertainty management theory*[40], konnte Jensen (2008) jedoch zum Thema Krebsberichterstattung belegen, dass Angaben über wissenschaftliche Ungesichertheit bei Rezipienten zu einer höheren Glaubwürdigkeitszuschreibung von verantwortlichen Wissenschaftlern und auch Journalisten führten (vgl. auch Jensen und Hurley (2012), denn dieses Ergebnis tritt nicht bei allen Themen gleich stark auf). Corbett und Durfee

---

[40] Die Theorie geht davon aus, dass Menschen versuchen Gefühle von Unsicherheit zu vermeiden (siehe auch Jensen & Hurley, 2012). Bei Maurer (2011) ist von *uncertainty reduction theory* die Rede.

(2004) zeigten, dass Kontextualisierung in journalistischen Berichten den Eindruck von wissenschaftlicher Gesichertheit bei Rezipienten hervorrufen kann, speziell Kontroversen unterstützten eher die Wahrnehmung von Ungesichertheit (vgl. auch Effekte von false balance, Dixon & Clarke, 2012, 2013).[41]

Burri (2009) zeigte im Rahmen der Nanotechnologie, dass Ungesichertheit den Menschen durchaus auch Angst macht, gleichzeitig wird aber geglaubt, dass die Wissenschaft offene Fragen beantworten wird und Chancen gegenüber Risiken überwiegen. Maier et al. (2016) legten dar, dass Rezipienten keine wirkliche Erwartung an die journalistische Darstellung von Evidenz haben. Werden sie direkt gefragt, zeigt sich, dass einige durchaus gern Ungesichertheit präsentiert bekommen möchten, andere wiederum möchten das nicht. Für diejenigen, die das nicht möchten, ist ein wichtiger Punkt, dass Ungesichertheit unwissenschaftlich sei. Diese Rezipienten glauben also durchaus, dass die Wissenschaft gesicherte Ergebnisse liefern sollte. Zudem zeigt sich: „Die Wahrnehmung und Bewertungen [von Rezipienten] werden unabhängig von der Ausprägung der wissenschaftlichen Ungesichertheit [in einem Fernseh-]Beitrag nicht einfach übernommen, vielmehr werden bei den Rezipienten eigene Interpretationsschemata aktiviert", (Milde & Barkela, 2016, S. 205). Dies könne zum Teil zu Fehlattributionen führen. Zudem muss unterschieden werden, welche Art von Ungesichertheit gemeint ist. So zeigen Wiedemann et al. (2009), dass Informationen über die Existenz eines Risikos von Laien zum Teil als Kompetenzmängel interpretiert werden (für weitere Effekte im Bereich der Risikokommunikation, siehe auch Wiedemann, Schütz & Thalmann, 2008). Grundsätzlich steht dieses Forschungsfeld jedoch noch am Anfang und verlangt intensive weitere Forschungsarbeit.

Mehr Forschungsergebnisse existieren für die Wirkungen bestimmter epistemologischer Darstellungen in Texten (vgl. Kapitel 2.2.3). Rabinovich

---

[41] Falsch ausgewogene Artikel führen zu mehr wahrgenommener Ungesichertheit (Dixon & Clarke, 2012, 2013).

und Morton (2012) belegten, dass Probanden mit elaborierten Vorstellungen von Wissen und Wissenschaft Aussagen über Ungesichertheit sehr gut verstehen und verarbeiten können (vgl. auch Johnson & Slovic, 1995). Aus diesem Forschungsfeld wissen wir zudem, dass die Inklusion von mehreren (sich zum Teil kontrastierenden) Quellen und Ungesichertheit in artifiziellen Texten zu elaborierteren Vorstellungen über Wissen und Wissenserwerb bei Lesern führten, während aus wissenschaftlicher Sicht eher naive Texte zu einer Vereinfachung dieser Vorstellungen führten (Gill, Ashton & Algina 2004; Kienhues, Bromme & Stahl, 2008; Kienhues, Stadtler & Bromme, 2011). Die angesprochenen Effekte traten bereits nach einer kurzen Auseinandersetzung mit den Stimuli auf. Staub und Stern (2002) zeigten zudem über den medialen Kontext hinaus, dass die epistemologischen Überzeugungen von Lernenden unter anderem auch durch die Vermittlungsstile von Lehrenden und deren Überzeugungen abhängig sind.

Eine Empfehlung lautet deshalb oft, dass es gilt durch Texte oder andere Materialien die epistemologischen Überzeugungen von Individuen zu fördern, in dem Sinn, dass diese elaborierter und sophistizierter werden. Vor allem vor dem Hintergrund, dass mediale Beiträge, in denen Evidenz als gesichert präsentiert wird, auch zu einer verstärkten Wahrnehmung von wissenschaftlicher Gesichertheit bei Laien führen können (Retzbach et al., 2013). Konkret heißt das also, dass Ungesichertheit thematisiert, Kontroversen (im wissenschaftlichen Sinn richtig) abgebildet und mit vielen Quellen und starken wissenschaftlichen Begründungen (wie bspw. durch evidenzrelevante Informationen) untermauert werden sollen.

Guenther und Kessler (2016) konnten zeigen, dass ein im Sinne der epistemologischen Dimensionen als evidenzsensibel zu klassifizierender Fernsehbeitrag zwar keine Veränderung der epistemologischen Überzeugungen von Studierenden hervorruft (diese blieben konstant hoch), allerdings eher evidenzunsensible Beiträge zu einer Vereinfachung dieser Überzeugungen und damit zu einem weniger elaborierten Bild von Wissenschaft und wissenschaftlicher Evidenz führten. Eine reine Darstellung von Gesichertheit sei deshalb zu vermeiden, sollte das Ziel sein, dass Laien zu einem besseren Verständnis über Wissenschaft, Evidenz und wissenschaftliche Verfahren gelangen. Die internationalen Forschungsergebnisse (Corbett & Durfee, 2004; Jensen, 2008) und die Befunde unserer Projekte im Schwerpunktprogramm der DFG (Guenther & Kessler, 2016; Retzbach & Maier, 2015; Retzbach et al., 2013) können, zusammengefasst, jedoch noch nicht allumfassend beantworten, welche Effekte evidenzsensible und -unsensible Beiträge bei Rezipienten hervorrufen.

Weitere Forschungsarbeit wird zu noch klareren Ergebnissen führen und offene Fragen beantworten können. Nachdem nun auf die Darstellung von (Un)Gesichertheit von Kommunikatoren (vor allem in Pressematerialien) und Journalisten und in einem Exkurs auf die Effekte dieser verschiedenen Darstellungen eingegangen wurde, sollen die Ergebnisse dieses Kapitels nun stichpunktartig zusammengefasst werden.

2.4 Zusammenfassung

- In wissenschaftlichen Pressematerialien, die oft Quellen der Wissenschaftsjournalisten sind, fehlen häufig Angaben über wissenschaftliche Ungesichertheit und evidenzrelevante Informationen.
- Dies kann potentiell auch die journalistische Darstellung beeinflussen, bspw. wenn Pressematerialien unkritisch oder aus Zeitgründen eins zu eins übernommen werden.
- Es scheint Fälle zu geben, in denen Wissenschaftsjournalisten die Ungesichertheit dominant in ihren Berichten herausstellen, ebenso finden sich Forschungsergebnisse, die von einer zu gesicherten Darstellung von Wissenschaft in den Medien sprechen. Eine aus wissenschaftlicher Perspektive akkurate Berichterstattung verweist sowohl auf bestehende gesicherte als auch ungesicherte Aspekte ohne eine der beiden Seiten über- oder unterzurepräsentieren. Das kann als evidenzsensible Berichterstattung bezeichnet werden.
- Evidenzrelevante Informationen haben für wissenschaftsjournalistische Berichterstattung eine eher untergeordnete Rolle, in Inhaltsanalysen

werden sie nur selten gefunden und von einigen Autoren sogar als Non-Nachrichtenfaktoren bezeichnet.

- In den eigenen Inhaltsanalysen zeigte sich, dass es bei der Darstellung von (Un)Gesichertheit thematische Unterschiede zu geben scheint: Ungesichertheit tritt häufiger im Themenbereich Molekulare Medizin auf als im Bereich der Nanotechnologie. In einer vergleichenden Analyse zeigte sich, dass Ungesichertheit medial am ehesten in den Naturwissenschaften oder der Medizin zu erwarten ist und nicht in den Sozialwissenschaften.

- Es fanden sich zudem Indizien, dass Ungesichertheit gern im Kontext von Risiken thematisiert wird, während Gesichertheit bei konkreten Anwendungen und Chancen medial auftritt. Dies wurde für die Berichterstattung über Molekulare Medizin in Ansätzen, vor allem aber für das Themenfeld Nanotechnologie beobachtet.

- Evidenzrelevante Informationen scheinen auch häufiger bei naturwissenschaftlichen und medizinischen Themen medial zur Sprache zu kommen.

- Erste Forschungsergebnisse deuten darauf hin, dass sich eine evidenzsensible Berichterstattung positiv auf das Verständnis von Laien auswirken könnte. Dies geht besonders aus der Forschung zu den epistemologischen Überzeugungen hervor.

- Grundsätzlich zeigt sich auf allen drei Akteursebenen (Kommunikatoren, Inhalten und Rezipienten), dass noch viele offene Forschungsfragen bestehen und sich die Forschung in den nächsten Jahren noch stärker mit der Darstellung wissenschaftlicher Evidenz auseinandersetzen sollte.

3 Journalismuszentrierte Perspektive: Wahrnehmung wissenschaftlicher Evidenz

Welche Wahrnehmung haben Wissenschaftsjournalisten von wissenschaftlicher Evidenz? Und wie beeinflussen diese Wahrnehmungen die Darstellung wissenschaftlicher Evidenz in den Medien? Diesen Fragen widmet sich dieses Kapitel und versucht damit die bisherigen Erkenntnisse zu ergänzen. Bisher zeigte sich, dass sich – ob domänenabhängig oder nicht – die Repräsentation wissenschaftlicher Evidenz in den Medien unterscheidet. So scheint es journalistische Beiträge zu geben, die Ungesichertheit überbetonen und ebenso scheint es Beiträge zu geben, die Gesichertheit darstellen, wenn nicht sogar zuweilen suggerieren, weil zwar Ungesichertheiten bestehen, diese jedoch nicht erwähnt werden. Aber welche Gründe können dafür eigentlich gefunden werden?

Ganz allgemein gesagt, fehlt es bisher an wirklich elaborierten theoretischen Betrachtungen zu diesem Thema. Das verwundert etwas, weil sich die Forschung recht einig darüber ist, dass die Darstellung von Evidenz in den Medien auch auf Laien wirkt (siehe Kapitel 2.3 und Corbett & Durfee, 2004; Jensen & Hurley, 2012; Retzbach, Marschall, Rahnke, Otto & Maier, 2011), nur über die Richtung der Wirkung und dessen Stärke ist sich die Forschung noch nicht ganz einig. Stocking (1997) unternahm einen ersten Versuch ein theoretisches Modell zu erstellen (siehe Abbildung 3). Dieses erinnert sehr stark an das Zwiebelmodell von Weischenberg (1994)[42] bzw. in Elementen

---

[42] Das *Zwiebelmodell* stellt den Journalisten als Individuum und Medienakteur in das Zentrum (Ebene 1). Er ist umgeben von weiteren Ebenen, einige sind ihm näher, andere ferner – deshalb wird dieses Modell Zwiebelmodell genannt (siehe auch Abbildung 3). Die Visualisie-

auch an die *gatekeeping theory* (Shoemaker, 1991; Shoemaker & Vos, 2009).[43] Der Journalist, als Individuum, ist umgeben von Einflussfaktoren, die mehr oder weniger stark auf ihn und seine Entscheidungen einwirken. Zu nennen sind Routinen der Medien, organisationsbedingte Einflussfaktoren, sowie äußere und kulturelle Faktoren (siehe Stocking, 1997) – auf einige dieser Faktoren wird noch genauer einzugehen sein. Die theoretische Modellierung ist grundsätzlich hilfreich und sicherlich nicht falsch, sie hilft aber nur in Ansätzen, wenn es darum geht, zu ergründen, warum sich Darstellungsstile unterscheiden. So bleibt bspw. unklar, welche spezifischen Routinen oder welche organisationsbedingten Faktoren zu welcher präferierten journalistischen Darstellung führen. Zudem wird nicht detailliert genau erklärt, für was die einzelnen Kategorien genau stehen oder ob, auf den Fall der Darstellung von (Un)Gesichertheit bezogen, innerliegende Kreise bedeutsamer sind als periphere.

Aus diesem Grund wird in diesem Kapitel zunächst der bisherige Forschungsstand zur journalistischen Wahrnehmung wissenschaftlicher Evidenz zusammengefasst (Kapitel 3.1), bevor in einem zweiten Schritt die eigenen Arbeiten am Thema vorgestellt werden (Kapitel 3.2). Hierfür wird ein theoretisches Modell auf Basis einer Handlungstheorie, des *reasoned action approachs*, skizziert (Fishbein & Ajzen, 2010; Kapitel 3.2.1), danach wird es inhaltlich gefüllt und schließlich auf empirische Tests dieses Modells verwiesen (Kapitel 3.2.2). Im Zentrum des vorliegenden Kapitels stehen eine quali-

---

rung sollte jedoch keine stärkere Einflussnahme von näherliegenden Ebenen suggerieren. Die zweite Ebene ist jene der Medienaussagen, dann folgen Medieninstitutionen und Mediensysteme (siehe Weischenberg, 1994). Das Modell stammt aus der Journalistik und ist sehr allgemein gehalten.

[43] Die gatekeeping theory kann wohl am besten als ein Sammelwerk aller möglichen Einflussfaktoren auf die journalistische Selektion eines Themas beschrieben werden. Dies bietet Vorteile: So werden individuelle Faktoren, Routinen, organisationsbedingte Einflüsse ebenso wie institutionelle und gesellschaftliche Faktoren bedacht (Shoemaker, 1991; Shoemaker & Vos, 2009). Der Nachteil ist aber, dass wohl keine empirische Untersuchung vermag all diese Einflussfaktoren abzudecken. Für eine Anwendung des Zwiebelmodells und der gatekeeping theory für den Bereich Wissenschaftsjournalismus, siehe Guenther und Ruhrmann (2013) oder Rosen, Guenther und Froehlich (2016).

tative und eine quantitative Befragung deutscher Wissenschaftsjournalisten. Eine Zusammenfassung rundet auch dieses Kapitel ab (Kapitel 3.3).

Abbildung 3:   Einflussfaktoren auf die journalistische Darstellung von (Un)Gesichertheit nach Stocking (1997).

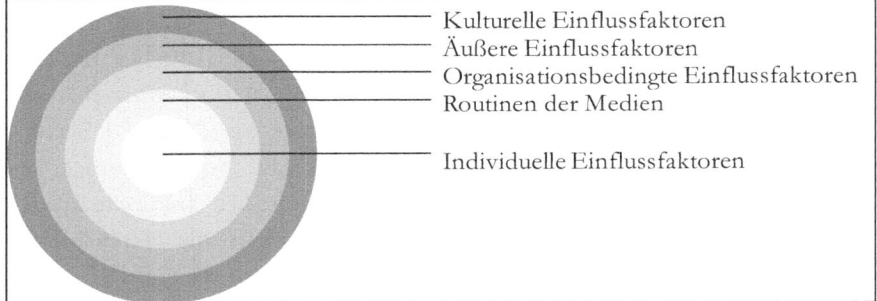

Kulturelle Einflussfaktoren
Äußere Einflussfaktoren
Organisationsbedingte Einflussfaktoren
Routinen der Medien

Individuelle Einflussfaktoren

3.1   Forschungsstand

Journalisten sind in ihrem professionellen Umfeld ganz natürlich von einer Vielzahl an Faktoren beeinflusst. Dies wird mit Verweis auf das Zwiebel-modell oder die gatekeeping theory bereits deutlich. Zu den Faktoren zählen unter anderem die spezifischen Charakteristika der Themen, über die berichtet wird, ebenso wie die Materialien, die von wissenschaftlichen Kommuni-katoren wie Wissenschaftlern, Universitäten und anderen PR-Arbeitern bereitgestellt werden, denn „[some] of the materials that land on journalists' desks downplay the uncertainties of knowledge claims bearing on public choices; others do not" (Stocking, 1999, S. 23; vgl. Kapitel 2.1.1). Damit sind sowohl generelle Aussagen über Gesichertheit und Ungesichertheit als auch evidenzrelevante Informationen gemeint. In diesem Kontext sind Journalisten natürlich auch immer von der jeweiligen wissenschaftlichen Kultur einer bestimmten Disziplin und deren Bedeutung beeinflusst (Dunwoody, 1999): Evidenz in den Geisteswissenschaften kann etwas sehr anderes bedeuten als in den Naturwissenschaften. Auch Weingart (2012) bemerkte hierzu, dass die Arten, wie Wissenschaftsjournalisten und auch Wissenschaftler jeweiliges Wissen kommunizieren, streng mit den sozialen Organisationen und wahrgenommenen Publikumserwartungen zusammen-hängen.

Dunwoody (1997) und Stocking (1997) benannten drei Faktoren, die theoretisch beeinflussen, wie Journalisten mit wissenschaftlicher Evidenz umgehen. Darunter fallen, angelehnt an Stockings (1997) Modellierung, individuelle Charakteristika des Journalisten (bspw. persönliche Überzeugungen und Publikumserwartungen), Berufsmerkmale (bspw. Normen, organisationsbedingte Vorgaben, Routinen) und schließlich kulturelle Faktoren (bspw. länderspezifische Unterschiede). So könnten die Darstellungen von (Un)Gesichertheit unter den Medien variieren; das wäre ein Indiz für die Bedeutung von organisationsbedingten Faktoren. Zudem könnten politische Systeme und/oder Ideologien die Wissenschaftskultur und damit auch deren öffentliche Kommunikation ebenfalls beeinflussen. Individuelle Charakteristika sind deshalb wichtig, weil Journalisten von ihren eigenen Wahrnehmungen beeinflusst sind, die sie verwenden, um Themen und Inhalte zu interpretieren und Kommunikationsziele zu formulieren. „Journalists routinely manage uncertainties" (Rowan, 1999, S. 201).

Grundsätzlich gilt, so zeigt es der Forschungsstand und so wurde es zum Teil bei der journalistischen Darstellung von Evidenz schon deutlich, dass sich die Wahrnehmungen dieses Themas von Person zu Person unterscheiden (Stocking, 1997), "[it] will differ from journalist to journalist, editor to editor, and media outlet to media outlet" (Ashe, 2013, S. 15). Werden Forschungsergebnisse medial repräsentiert, dann können Angaben über Ungesichertheit oder Gesichertheit – ob vom Journalisten mehr oder weniger stark intentiert – Bestandteil dieser Berichterstattung sein, oder eben nicht (Corbett & Durfee, 2004). Denn obwohl oft zu lesen ist, dass einige Wissenschaftsjournalisten sich als Übersetzer wissenschaftlichen Wissens für Laien sehen (Hinnant & Len-Ríos, 2009; Milde & Hölig, 2011; Schneider, 2010), greift dieses Bild doch zu kurz: Journalisten sind keine passiven

Informanten oder Übersetzer, sie können ihre Beiträge sehr aktiv konstruieren und so bspw. auch die Validität eines wissenschaftlichen Ergebnisses hinterfragen.

Journalistenbefragungen deuten bisher auf Folgendes hin: Journalisten scheinen Ungesichertheit und vor allem Angaben zu Vorläufigkeiten und Kontroversen dann prominent herauszustellen, wenn sie ihr Publikum für Themen gewinnen und fesseln wollen (Stocking & Holstein, 1993). Das geht zum Teil einher mit der Feststellung einiger Wissenschaftler, dass Ungesichertheit wie auch die Kontroverse, vereinzelt zu starken Nachrichtenfaktoren werden können und schon allein deshalb publizistische Aufmerksamkeit erreichen – darauf verwiesen bereits Friedman, Dunwoody und Rogers (1999; siehe auch Maier et al., 2014; Mellor, 2010). Wie Ashe (2013) betont, trifft dies aber nur zu, wenn Ungesichertheit mit dem individuellen Konzept des Nachrichtenwerts eines Journalisten harmonisiert.

Interpretieren wir Ungesichertheit aber als Nachrichtenfaktor, dann bedeutet das, dass ungesicherte Evidenz zu einem journalistischen Relevanzkriterium wird und sich positiv auf die Selektionsentscheidung durch Journalisten auswirkt. Das geht jedoch nicht zweifelsfrei mit den theoretischen Vorüberlegungen und den bisherigen empirischen Ergebnissen einher. Ungesichertheit ist universell Bestandteil wissenschaftlicher Arbeit, aber nicht jedes Forschungsergebnis ist deshalb gleich berichtenswert. Vielmehr liegt die Vermutung nahe, Ungesichertheit werde nur dann zu einem starken Nachrichtenfaktor, wenn diese Ungesichertheit (in der journalistischen Wahrnehmung) eine hohe Intensität[44] enthält oder aber – schauen wir zurück auf die Inhaltsanalysen – von Risiken begleitet wird (Ruhrmann et al., 2015). In einem solchen Fall könnte es zu einer Überbetonung von Ungesichertheit, wie theoretisch vorgeführt (Kapitel 2.2.1), kommen. Es fehlt jedoch an empirischen Analysen um diese Erklärungsversuche validie-

---

[44] Ein Blick in die Geschichte der Nachrichtenfaktor-Forschung verrät, dass nicht allein das Auftreten, bzw. die Zuschreibung eines Nachrichtenfaktors über die Selektion eines Themas entscheidet, sondern dass Intensitäten durchaus eine Rolle spielen (Maier, Stengel & Marschall, 2010).

ren zu können. Zudem beschreibt die Nachrichtenwerttheorie vorrangig die journalistische Selektion, nicht aber unbedingt die Darstellung von Themen (vgl. dazu auch Framing, Kapitel 2.2.3). Hier sind weitere theoretische Überlegungen notwendig.

Zudem ist die Überbetonung von Ungesichertheit nur einer der möglichen Darstellungsstile, die es zu ergründen gilt. Diejenigen Wissenschaftler, die die journalistische Berichterstattung über wissenschaftliche Evidenz als certainty producing process (Collins, 1987; Ebeling, 2008) bezeichnen, gehen davon aus, dass dies deshalb zu Stande kommt, weil Wissenschaftsjournalisten denken, ihr Publikum hätte kein ausreichendes Verständnis von Ungesichertheit, Wissenschaft, wissenschaftlicher Sprache und Konzepten (siehe auch Friedman, Dunwoody & Rogers, 1999; Schneider, 2010) und verlange simplifizierte Ratschläge und Lösungen (Chew, Mandelbaum-Schmidt & Kun Gao, 2006). In einigen Interviews gaben Journalisten an, dass Ungesichertheit aber auch evidenzrelevante Informationen wie jene über Signifikanzen und generell Komplexität problematische Konzepte für Laien seien (Hijmans, Pleijter & Wester, 2003). Zudem wurde in dieser niederländischen Untersuchung auch deutlich, dass für Journalisten Unterschiede zwischen Disziplinen bestehen (vgl. Kapitel 2.2.2): Methodische oder kritische Aspekte werden bei sozialwissenschaftlichen Themen, die zudem häufig nicht auf expliziten Wissenschaftsseiten abgedruckt werden, seltener erwähnt als bei naturwissenschaftlichen Themen, die wiederum häufiger auf Wissenschaftsseiten zu finden sind. Hijmans, Pleijter und Wester (2003) vermuten, dass dies mit dem akademischen Hintergrund zusammenhängen könnte: Ausgewiesene Wissenschaftsjournalisten bearbeiten nun einmal vorrangig auch Wissenschaftsseiten.

In Wilkinson et al. (2009) gaben Wissenschaftsjournalisten sogar an, dass die hohe Ungesichertheit, die viele Bereiche der Nanotechnologie umgibt, ein Grund sei, warum das Thema eher seltener medial dargestellt wird. Ähnliche Ergebnisse dokumentieren Groboljsek und Mali (2012), die Wissenschaftler in Slowenien über ihre Erfahrungen im Fall der Berichterstattung über die Nanotechnologie befragten. Stocking (1997) äußerte sogar die Vermutung, dass einige Journalisten gar nicht spezialisiert genug seien um Konzepte wie wissenschaftliche Evidenz in jedem Fall bewerten zu können: „[It] is not unreasonable to speculate that characteristics of individual journalists, such as their knowledge levels and concerns for the values of scientists, have some influence on how scientific uncertainty is covered" (Stocking, 1999, S. 30). Schneider (2010) betont zusätzlich, dass je mehr Erfahrung ein Wissenschaftsjournalist hat, desto akkurater seine Medienbeiträge. Im Medien-Doktor-Projekt (siehe bspw. Anhäuser & Wormer, 2012), in dem unter anderem Wissenschaftsjournalisten die Qualität journalistischer Beiträge bewerten, gaben viele Journalisten selbst an, dass Evidenz unzureichend dargestellt würde und dies die Qualität dieser Beiträge negativ beeinflussen würde.

Aus den angeführten Gründen gelangen einige Forscher zu dem Schluss, dass Darstellungen von (Un)Gesichertheit von Journalisten in gegebenen Situationen aktiv und sozial konstruiert seien und diese Berufsgruppe auch um die antizipierten Effekte ihrer Darstellung wüsste (Dunwoody, 1999; Hornmoen, 2009; Stocking & Holstein, 1993, 2009)[45]: „When journalists report scientific work, they have the discretion to pass along caveats and uncertainty claims presented by the scientists or to exclude such claims", (Corbett & Durfee, 2004, S. 134). Gehen wir davon aus, dass es dem Journalisten hauptsächlich darum geht, die eigenen Ziele zu verwirklichen, das Zielpublikum zu erreichen und Aufmerksamkeit zu generieren, dann können wir dieses Statement mit etwas Validität versehen (siehe auch Schneider, 2010; Stocking & Holstein, 1993; Zehr, 2000). Beispielsweise könnte der Journalist annehmen, die Darstellung von ungesicherten Forschungsaspekten verschaffe ihm Anerkennung bei den Kollegen und gefalle dem Publikum. Auch Simmerling und Janich (2015) argumentieren in diese Richtung, obwohl sie nur einen einzigen Wissenschaftsartikel aus linguistischer Perspektive analysieren. Die Identifizierung diverser rhetorischer

---

[45] Einige Autoren nutzen dasselbe Statement um die Arbeit von Wissenschaftlern zu beschreiben, wie bspw. Dunwoody (1999) oder Zehr (1999).

Funktionen im Artikel wird hierbei als ein aktives Konstruieren von Ungesichertheit verstanden (siehe auch Hornmoen, 2009). Die These des aktiven Konstruierens ist jedoch grundsätzlich zu absolut formuliert, denn Journalisten werden zum einen nicht immer um die Effekte ihrer Beiträge wissen und wie gezeigt wurde, neigen sie unter Zeitdruck auch bisweilen dazu, Pressematerialien unverändert zu übernehmen. Inwieweit kann hier dann wirklich von einer aktiven Konstruktion gesprochen werden?

Die einflussreiche qualitative Studie von Stocking und Holstein (2009) beschreibt bisher am genauesten wie Journalisten mit Aussagen über Ungesichertheit, die entweder von der Industrie oder von akademischen Einrichtungen bereitgestellt werden, umgehen. „[The] question of what to leave in and what to leave out is at the heart of every story journalists write, whether the story is about scientific research or any other topic", (Stocking & Holstein, 2009). Im Ergebnis bestätigte sich, dass persönliche Interessen, das individuelle Verständnis von Wissenschaft, Publikumswahrnehmungen, vor allem aber das Rollenselbstverständnis diejenigen Faktoren seien, die am meisten beeinflussten inwieweit die Journalisten ungesicherte Aspekte darstellten. Der starke Bezug zum Rollenbild führte die Autoren zu einer Clusterung der Journalisten (siehe Stocking & Holstein, 2009).

Diejenigen Journalisten, die als Verbreiter bzw. Multiplikatoren (*disseminators*) identifiziert wurden, versuchten stets alle Fakten für alle Seiten in einem ausbalancierten Verhältnis darzustellen. Dabei spielte es auch keine Rolle, welche Quelle (Wissenschaft oder Industrie) glaub- und vertrauenswürdiger erscheint. Es wurde von diesen Journalisten erwartet, dass das Publikum zu eigenen Entscheidungen gelangt. Wissenschaftliche Ergebnisse wurden hierbei mehrfach jedoch als gesichert dargestellt. Journalisten klassifiziert als Interpretative oder Investigative (*interpretive/investigative*) trafen Entscheidungen vorrangig aufgrund eigener Erfahrungen oder Recherche; sie besitzten ein umfangreiches Wissen und suchten nach der Wahrheit. Die Populisten (*populist mobilizers*) arbeiteten im Einklang mit ihrem Publikumsbild, sie nannten nur Fakten, die ihr Publikum unbedingt benötigt und stellten Ergebnisse auch vorrangig als gesichert vor. Sie verwiesen aber bspw.

auch auf mehr Forschungsarbeit, die offene Fragen klären kann und sie gewichteten die Evidenzlage. Schließlich die Kontradiktorischen *(adversarials)*, die skeptisch sind, Aussagen hinterfragen und bereit sind Ungesichertheit darzustellen, auch weil sie meinen, viel über Wissenschaft zu wissen. Journalisten dieses Typs vermuten versteckte Interessen nicht nur bei der Industrie, sondern auch bei Wissenschaftlern.

Einige Journalisten gaben an, dass sie von ihrem Publikum erwarten, dass dieses bspw. zwischen Aussagen der Industrie und der Wissenschaft unterscheiden müsse (Stocking & Holstein, 2009). Grundsätzlich zeigt die Studie aber auch, dass Journalisten sehr bewusst nach Quellen suchen, die sich unterstützend gegenüber einem wissenschaftlichen Ergebnis ausspre-chen, oder eben nicht. Obwohl diese Studie wichtig ist und erste empirische Belege sucht und auch findet, ist hier der Fokus zu stark auf individuelle Einflussfaktoren ausgerichtet. Es handelt sich demnach nur um ein Teil des Gesamtbildes vieler möglicher Einflussfaktoren.

In 21 Einzelfallstudien untersuchten Lehmkuhl und Peters (2016[a], 2016[b]) in einer sehr beeindruckenden Studie das journalistische Entschei-dungsverhalten Ungesichertheit darzustellen. Die Autoren identifizierten vier Strategien von Journalisten: (1) Auslassen: Ungesicherte Aspekte wer-den von Journalisten bewusst nicht in ihren Beiträgen erwähnt. (2) He says – she says: Sich widersprechende wissenschaftliche Aussagen werden ne-beneinandergestellt. (3) Legitimierte Ausblendung: Mehrdeutigkeit wird bewusst in Eindeutigkeit verwandelt und Ungesichertheit nicht erwähnt. Diese Strategie ähnelt der ersten. Der Journalist legitimiert seine Entschei-dung aber mit einem Urteil wissenschaftlicher Berater. (4) Aufbau und Spra-che: Ungesichertheit kann bspw. durch Sprache (Konjunktiv, Fragen) bewäl-tigt werden. In dieser Studie wurde auch deutlich „In allen Einzelfällen, in denen ein positiver Nutzen zentral für die Weckung von Aufmerksamkeit war, zeigt sich der Journalismus bestrebt, Unsicherheit entweder zu reduzie-ren oder gar nicht darzustellen", (Lehmkuhl & Peters, 2016[a], S. 59). Das deckt sich mit den in Kapitel 2.2.3 vorgestellten eigenen Inhaltsanalysen.

Ungesichertheit sei zudem unverträglich mit dem Wecken von Faszination für ein Thema.

Auf der anderen Seite aber sei Ungesichertheit dann ein wichtiger Baustein, wenn bisher unbekannte gesellschaftliche Risiken thematisiert werden (siehe ebenfalls die eigenen Ergebnisse in Kapitel 2.2.3) oder wenn eine Hybris der Wissenschaft vorgestellt wird, wie bspw. wenn Bedeutungen in Zweifel gestellt werden. In allen Fällen identifizierten die Autoren eine starke Einflussnahme des Publikumsbildes auf die Entscheidung Ungesichertheit darzustellen. Hinzu kommen die Stellung des Journalisten in der Redaktion, seine fachliche Expertise, der Anspruch objektiv richtig zu sein, Interessen der Wissenschaftler und die Honorierungspraxis freier Mitarbeiter (siehe Lehmkuhl & Peters, 2016a).

Es zeigte sich zudem, dass die Hauptaussage, die ein Journalist vermitteln will (*pitch*) darüber entscheiden kann, wie (Un)Gesichertheit dargestellt wird. So dokumentieren Lehmkuhl und Peters (2016b) Fälle, in denen Journalisten aktuelle Ereignisse oder Personen wichtiger sind als die eigentliche wissenschaftliche Aussage – Ungesichertheit wird dann nicht thematisiert. Sie wird aber dann zum Thema, wenn es zentral um eine wissenschaftliche Behauptung (*truth claim*) geht und andere Quelle diese anzweifeln, oder wenn populäre Aussagen und Erkenntnisse widerlegt werden können. Dabei spielt es auch eine Rolle, in welchen Rahmen Informationen journalistisch erzählt werden sollen. Positiv bewertet wird die Erkenntnis, dass Journalisten häufig den Rat wissenschaftlicher Berater suchen; negativer bewertet werden diejenigen Fälle im Sample, die nicht von genuinen Wissenschaftsjournalisten sondern von Generalisten[46] verfasst wurden.

Zusammengefasst erscheint es demnach sinnvoll festzuhalten, dass Journalisten in ihren jeweiligen Institutionen Angaben über (Un)Gesichertheit und evidenzrelevante Informationen als Antwort auf Themeneigenschaften, eigene Wahrnehmungen (darunter fallen auch die Wahrnehmungen, die über das Publikum existieren), Interessen und Rollenselbstver-

---

[46] Generalisten berichten über eine Vielzahl gesellschaftlicher Bereiche.

ständnis, aber auch die Charakteristika ihrer vorliegenden Quellen implementieren. Dafür stehen ihnen, wie theoretisch konzipiert wurde, verschiedene Darstellungsstile zur Verfügung. Wichtig ist, dass es sich wahrscheinlich um ein Zusammenspiel vieler verschiedener Einflussfaktoren auf unterschiedlichen Ebenen handelt.

Da der Forschungsstand jedoch noch nicht umfangreich beantworten kann, unter welchen Umständen Wissenschaftsjournalisten tatsächlich auf gesicherte und/oder ungesicherte Aspekte wissenschaftlicher Ergebnisse verweisen, und die Forschung noch kein Modell gefunden hat, dass Darstellungsformen erklären kann, widmeten sich die eigenen Arbeiten zum Thema genau diesen Punkten. Bisher lagen zudem kaum Forschungsergebnisse aus Deutschland vor, was die Relevanz der vorliegenden Forschungsarbeit noch einmal unterstreicht.

3.2 Theoretische und empirische Erweiterung

Ausgehend vom bisher skizzierten Forschungsstand, sollen nun die eigenen Arbeiten bezüglich der journalistischen Wahrnehmung wissenschaftlicher Evidenz als aktuelle theoretische und empirische Erweiterung im Mittelpunkt stehen. Hierfür ist es notwendig, zunächst das theoretische Modell dazulegen und zu erläutern (Kapitel 3.2.1), um es im Anschluss einem empirischen Test zu unterziehen (Kapitel 3.2.2).

3.2.1 Modell der journalistischen Entscheidung, wissenschaftliche Evidenz darzustellen

Bisherige Modellversuche haben sich, wie bereits vorgestellt, sehr stark an allgemeinen Modellen der Journalistik orientiert, wie bspw. gatekeeping. Daraus resultiert, dass auch sie eher allgemein und abstrakt blieben. So beschreibt das Modell von Stocking (1997) nur, welche möglichen Faktoren einen Einfluss darauf ausüben könnten, ob ein wissenschaftliches Ergebnis als eher gesichert oder ungesichert dargestellt wird. In den DFG-geförderten Projekten wurde deshalb ein anderer Zugang gewählt: Da es sich streng genommen um eine journalistische Entscheidung handelt, wie wissenschaftliche Evidenz in einem Beitrag dargestellt werden soll[47], könnten sich Handlungstheorien als hilfreich dabei erweisen, diese spezifische Entscheidung zu rationalisieren (siehe auch Lehmkuhl & Peters, 2016a). Da es sich beim reasoned action approach[48] (Fishbein & Ajzen, 2010) um eine der am meisten getesteten und in den Grundannahmen bestätigten Theorien zum Entscheidungsverhalten handelt, wurde diese Theorie gewählt um ein theoretisches Modell zu erstellen, und zu testen.[49] Bevor auf dieses eingegangen wird, sollen die Grundannahmen des reasoned action approach kurz vorgestellt werden, weil dies für die weitere Argumentation zentral ist.

3.2.1.1 Reasoned Action Approach

Es sollte vorbemerkt werden, dass die im Folgenden erläuterte Theorie von intentionalem Handeln ausgeht, das unter willentlicher Kontrolle geschieht (Ajzen, 1991; Gollwitzer & Schmitt, 2009; Rossmann, 2011). Nicht gemeint ist damit unbedingt, so wird die Theorie allerdings oft aufgefasst, dass jedes Handeln immer rational ist. Wie die Autoren selbst bemerken, müssen Indi-

---

[47] Das ist nur vor dem Hintergrund relevant, dass der Journalist oder ein Team von Journalisten den Artikel verfasst, nicht aber wenn Pressematerialien eins zu eins abgedruckt werden. Im Sinne von Stocking und Holstein (1993, 2009) geht es demnach also eher um Fälle einer aktiven Konstruktion.

[48] Einigen Lesern wird der Ansatz als *theory of reasoned action* (TRA) oder *theory of planned behavior* (TPB) bekannt sein (siehe Ajzen & Fishbein, 1980; Rossmann, 2011); reasoned action approach bezeichnet die Theorie der Verhaltensvorhersage in seiner aktuellsten Version – die Bezeichnung stammt von Fishbein und Ajzen (2010).

[49] Meta-Analysen bestätigen die Grundannahmen des Modells (bspw. Armitage & Connor, 2001; siehe auch Ajzen, 2005, 2006).

viduen nicht um all ihre Handlungsalternativen wissen und ihr Verhalten kann ebenso irrational wie falsch sein (Fishbein & Ajzen, 2010, siehe für Journalisten auch Fengler & Ruß-Mohl, 2005, 2007). Grundprämisse ist aber, dass Handeln, wie es in diesem Modell erklärt werden soll, intentional ist.

So geht das Modell davon aus, dass die Verhaltensintention der stärkste Prädiktor eines jeweiligen Verhaltens, einer Handlung, ist (siehe auch Ajzen, 1991; Gollwitzer & Schmitt, 2009). Übersetzt auf die journalistische Darstellung von (Un)Gesichertheit heißt das nun, dass der Journalist bspw. erst einmal eine Intention, eine Absicht, ausbilden muss, die (Un)Gesichertheit eines Forschungsergebnisses mit einer gewissen Intensität darzustellen.[50] Das Handeln wird dabei definiert als zielgerichtet, kontextgebunden und zeitlich bestimmt.

Intentionen wiederum werden beeinflusst von drei übergeordneten Einflussfaktoren: verhaltensbezogene Einstellungen, die subjektive Norm und die wahrgenommene Verhaltenskontrolle (Rossmann, 2011). In empirischen Studien werden alle drei Faktoren mit mehreren, salienten Vorstellungen (*beliefs*) zumeist wert-erwartungstheoretisch operationalisiert und gemessen (Gollwitzer & Schmitt, 2009). Sie sollen im Folgenden näher definiert und auf den konkreten Fall angewandt werden. Es sei hinzugefügt, dass saliente Vorstellungen entweder aus der Forschungsliteratur abzuleiten oder in qualitativen Vorinterviews zu erheben sind – das wird im weiteren Verlauf noch von Belang sein.

Verhaltensbezogene Einstellungen sind grundsätzlich stabile Bewertungen eines gegebenen Objektes (Rossmann, 2011). Innerhalb der Theorie

---

[50] Handelt es sich eher um nicht-intentionales Verhalten, dann eignet sich diese Theorie weniger gut. Interessante Grenzfälle entstehen, wenn es um spontanes Verhalten oder auch Routine- oder Gewohnheitsverhalten geht. So betonen Fishbein und Ajzen (2010; siehe auch Ajzen, 2005), dass auch einem Gewohnheitsverhalten eine Intention beim erstmaligen Ausführen vorausging und es empirisch gesehen keine Indizien gäbe, die besagten, Intentionen würden beim Wiederholen der Handlung keine Rolle mehr spielen. Gollwitzer und Schmitt (2009) bemerken aber, dass die Stärke der Korrelation zwischen Handlungsabsicht und Handlung bei habitualisiertem Handeln abnimmt.

werden sie häufig als die Vorstellungen möglicher positiver und negativer Konsequenzen verstanden, die aus dem definierten Verhalten entstehen können (*behavioral beliefs*). Wert-erwartungstheoretisch modelliert werden diese Vorstellungen bewertet und dann mit der Wahrscheinlichkeit verbunden, dass die gegebenen Konsequenzen auch tatsächlich eintreten werden (Fishbein & Ajzen, 2010). So könnte ein Journalist sich dagegen entscheiden Ungesichertheit darzustellen (und damit Ergebnisse als gesichert repräsentieren), weil er es für wahrscheinlich hält, dass sein Publikum dies nicht verstehen würde (negative Konsequenz). Abwägend könnte der gleiche Journalist denken, dass die Darstellung von Ungesichertheit andere Forscher anregen könnte in bestimmte Richtungen zu forschen (positive Konsequenz). Da er aber glaubt, dass dies nicht sehr wahrscheinlich ist, wiegt diese Konsequenz nicht so sehr wie die erstgenannte. In diesem Fall entscheidet sich der Journalist demnach wahrscheinlich gegen die Darstellung von Ungesichertheit.

Die subjektive Norm beschreibt den sozialen Druck der Umgebung, ein Verhalten auszuführen oder zu unterlassen (Ajzen, 1991; Rossmann, 2011). Unterschieden wird zwischen injunktiven und deskriptiven Vorstellungen der subjektiven Norm (*normative beliefs*). Bei injunktiven Vorstellungen handelt es sich, wert-erwartungstheoretisch, um wahrgenommene Erwartungen salienter Bezugsgruppen oder Personen und der Motivation diesen Erwartungen mit einer gewissen Intensität entsprechen zu wollen. Angewandt auf unsere Fragestellung könnte es also sein, dass ein Journalist wahrnimmt, dass seine Kollegen von ihm erwarten, (Un)Gesichertheit darzustellen – da er diesen Erwartungen gern entsprechen möchte, stellt er (Un)Gesichertheit in seinem Beitrag dar.

Deskriptive Vorstellungen der subjektiven Norm beschreiben, wert-erwartungstheoretisch, das wahrgenommene eigene Verhalten salienter Bezugsgruppen und Personen und den Grad der Identifikation mit diesen (Fishbein & Ajzen, 2010). Wenn der Journalist also beobachtet, dass sein Redaktionsleiter selbst (Un)Gesichertheit darstellt und er sich stark mit der

Person des Redaktionsleiters identifiziert, dann könnte er bereitwillig auch Gesichertheit oder Ungesichertheit darstellen.

Der dritte Einflussfaktor ist jener der wahrgenommenen Verhaltenskontrolle; so könnte es ja weitere nicht willentlich kontrollierbare interne und externe Einflüsse geben, die sich auf die Intention oder direkt auf das Verhalten auswirken (Gollwitzer & Schmitt, 2009; Rossmann, 2011). Auch diese werden über Vorstellungen wert-erwartungstheoretisch modelliert (*control beliefs*): Es geht um Faktoren, die mit einer gewissen Intensität entweder erleichternd und/oder behindernd auf das Ausführen der Handlung wirken. In unserem Beispiel könnte das die eingeschätzte Qualität einer Quelle sein. Schätzt der Journalist die Qualität einer Quelle als sehr hoch ein und legt diese Quelle gesicherte Erkenntnisse vor, könnte dies dazu führen, dass der Journalist auch verstärkt Gesichertheit darstellt.

Neben diesen drei Einflussfaktoren können zudem eine Reihe von Drittvariablen mehr oder weniger stark direkt oder indirekt auf die Verhaltensintention und das Verhalten einwirken. Über die Bedeutung dieser Variablen wird aber zum Teil diskutiert (siehe Albarracín, Johnson, Fishbein & Muellerleile, 2001; Armitage & Connor, 2001). So gehen Ajzen (2005) oder auch Fishbein und Ajzen (2010) davon aus, dass Drittvariablen nicht direkt wirken, sondern über verhaltensbezogene Einstellungen, die subjektive Norm und die wahrgenommene Verhaltenskontrolle mediatisiert werden. Für den speziellen Fall des bisherigen Verhaltens als Drittvariable liegen aber auch Ergebnisse vor, die auf einem direkten Einfluss auf die Verhaltensintention hindeuten (siehe bspw. Armitage & Connor, 2001).[51]

Zwar wurden in diesem Kapitel bereits Beispiele für die journalistische Intention (Un)Gesichertheit darzustellen gegeben, allerdings ist das Gesamtmodell noch nicht umfangreich skizziert und die Wahl speziell dieses Modells erst rudimentär begründet worden. Diese Punkte sollen im nächsten Schritt noch genauer abgearbeitet werden. Das Modell wird hierbei zu-

---

[51] Insgesamt betrachtet wird hierbei die *sufficiency assumption* angesprochen. Es geht also darum, ob die drei Einflussfaktoren ausreichen, um ein Verhalten vorauszusagen, oder ob weitere relevante Konstrukte hinzugefügt werden sollten.

nächst *leer*[52] sein, weil aus der Forschungsliteratur nur sehr wenig abgeleitet werden kann. Es wird im nächsten Kapitel empirisch anhand qualitativer Interviews gefüllt, wenn die Vorstellungen auf allen relevanten Ebenen erhoben und dann auch mittels eines größeren Samples getestet werden.

3.2.1.2 Handlungstheoretische Modellierung

Der reasoned action approach wurde bisher erfolgreich an einer Vielzahl sehr unterschiedlicher Handlungen getestet und zum Teil auch bestätigt. Das stimmt optimistisch den Ansatz auch für journalistisches Verhalten zu verwenden; zudem liegen bereits erste Ergebnisse für die journalistische Selektion von Themen vor (siehe Engelmann, 2012). Journalistisches Handeln ist dabei institutionelles Handeln: Innerhalb einer Institution kann der Journalist intentional handeln; individuelles Handeln ist hierbei aber auch ein Spiegelbild der Funktionen und Zwecke der jeweiligen Medieninstitution (Bucher, 2004).

Der reasoned action approach und dessen Annahmen scheinen sich zusätzlich recht einfach auf Journalismus übertragen zu lassen: Journalisten haben ganz natürlich Einstellungen, die ihr Handeln anleiten, sie verspüren durch ihre Einbettung in redaktionelle und weitere gesellschaftliche Kontexte subjektive Normen und wahrgenommene Verhaltenskontrollen, wie bspw. die Autonomie Entscheidungen zu treffen. Diese wirken sich ebenfalls auf ihre Arbeit aus (Guenther, Froehlich & Ruhrmann, 2015); demnach lassen sich akteurs- mit organisationsbedingten und äußeren Faktoren verbinden. Natürlich muss das Modell aber angepasst werden, zum einen auf die Spezifik des Journalismus und zum anderen speziell auf die Wissenschaftskommunikation. Es geht demnach darum, für das spezifische Verhal-

---

[52] Das heißt, es werden keine Vorstellungen (wert-erwartungstheoretisch) aus der Forschungsliteratur übernommen. Zum Teil weil die Forschung lückenhaft ist, zum Teil aber auch, weil die theoretische Passung nicht gegeben ist.

ten seitens der Journalisten – der Darstellung von wissenschaftlichen Ergebnissen als mehr oder weniger (un)gesichert – diejenigen Einstellungen, Normen und Verhaltenskontrollen zu finden, die handlungsleitend sind. Grundsätzlich gilt: „for some intentions attitudinal considerations are more important than normative considerations [or control considerations], while for other intentions normative [or control] considerations predominate" (Ajzen, 2005, S. 118). Es geht also auch um die Frage, welcher der Einflussfaktoren am meisten auf die Intention einer spezifischen Handlung wirkt.

Laut Modell handelt es sich bei der Entscheidung, ein Forschungsergebnis als mehr oder weniger (un)gesichert darzustellen um eine Wahl aus verschiedenen Alternativen. Diese Alternativen können die drei theoretisch eingeführten Darstellungsstile wissenschaftlicher Evidenz sein (Kapitel 2.2.1). Gehen wir davon aus, dass Journalisten ihre Beiträge aktiv gestalten, dann sollte laut Theorie eine Handlungsintention dem eigentlichen Verhalten vorgelagert sein[53]; des Weiteren sollten dann auch die drei vorgestellten Einflussfaktoren diese Intention beeinflussen (siehe Abbildung 4 für einen allgemeinen Überblick über das Modell, oder auch Guenther & Ruhrmann, 2016).

Zum einen sind das verhaltensbezogene Vorstellungen, die hier werterwartungstheoretisch konzipiert werden (Fishbein & Ajzen, 2010). Gesucht werden laut Definition also diejenigen salienten (positiven oder auch negativen) Verhaltenskonsequenzen, die von Journalisten hinsichtlich ihrer Eintrittswahrscheinlichkeit und Bewertung als handlungsleitend bei der Darstellung von Evidenz erachtet werden. Diese wahrgenommenen Konsequenzen könnten sich journalismustheoretisch aus persönlichen Interessen, Wahrnehmungen des Publikums, Nachrichtenfaktoren und Rollenbildern zusammensetzen. Hierfür wurden bereits erste Ergebnisse vorgestellt

---

[53] Die Anwendung des reasoned action approachs heißt in diesem Fall nicht, dass omnipräsent journalistisches Verhalten im weiteren kulturellen oder organisationsbezogenen Kontext erklärt werden soll. Vielmehr geht es darum, den Ansatz als Framework zu verwenden, um eine Intention für ein spezifisches Verhalten zu erklären. Beispielsweise kann eine Intention Ungesichertheit in einem Beitrag darzustellen als die professionelle Überzeugung eines Journalisten angesehen werden, dass solche Angaben in einen Beitrag über wissenschaftliche Forschungsergebnisse gehören.

(Dunwoody, 1997; Stocking & Holstein 1993, 2009). Allerdings sind aus dem Forschungsstand noch keine spezifischen und hinreichenden Konsequenzen abzuleiten – diese müssen explorativ zunächst ermittelt werden, bevor analysiert werden kann, wie wichtig und damit handlungsleitend sie im Entscheidungsprozess sind.

Abbildung 4:   Handlungstheoretische Modellierung, basierend auf Fishbein und Ajzen (2010); siehe auch Guenther, Froehlich & Ruhrmann (2015) sowie Guenther & Ruhrmann (2016)

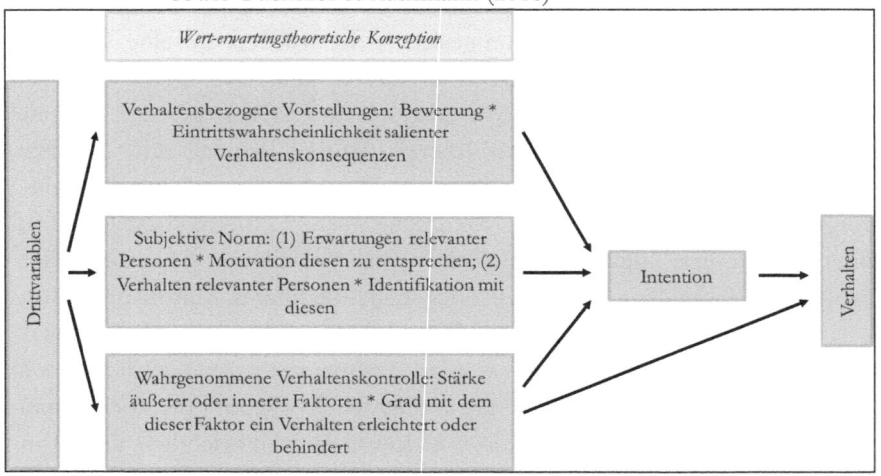

Das gleiche gilt für die subjektive Norm, die theoretisch als sozialer Druck, Normen und Routinen eines Medienunternehmens, einer Redaktion oder eines Ressorts definiert werden können (Dunwoody, 1997; Stocking, 1997). Unter Verwendung des reasoned action approachs und der wert-erwartungstheoretischen Konzipierung werden für die injunktiven Normen diejenigen relevanten Personen oder Gruppen gesucht, die Erwartungen an die Darstellung wissenschaftlicher Evidenz richten, denen der Journalist mehr oder weniger stark entsprechen möchte. Welche Personen(gruppen) hier relevant sind, lässt sich zwar vermuten, wurde aber bisher in der Forschungsliteratur noch nicht zweifelsfrei konstatiert.

Ein ähnliches Bild ergibt sich für deskriptive Normen, wenn es um relevante Personen oder Gruppen geht, deren Verhalten (hier die Darstellung von wissenschaftlicher Evidenz) der Journalist beobachtet und mit denen er sich dann auch mehr oder weniger stark identifiziert. Dass solche Normen grundsätzlich wichtig sind, zeigt sich bspw. in der Befragung von Chew, Mandelbaum-Schmidt und Kun Gao (2006, S. 342). Dort gaben Journalisten an, dass sie teilweise Druck von Vorgesetzten verspüren Forschungsergebnisse als gesichert darzustellen: „The science behind mammography is not as certain as I have been asked to portray [it]." Herausgebern war es in diesem Fall wichtiger vereinfachte Empfehlungen darzustellen. Sozialer Druck, so wird es vermutet, entsteht aber vor allem auch von Seiten des Publikums (Lehmkuhl & Peters, 2016[a]).

Schlussendlich wirken sich innere und äußere Faktoren als wahrgenommene Verhaltenskontrolle erleichternd oder behindernd auf journalistisches Verhalten bspw. bezüglich der Darstellung wissenschaftlicher Evidenz aus (siehe auch Lehmkuhl & Peters, 2016[b]). Diese Faktoren, werterwartungstheoretisch, werden zudem mit einer bestimmten Stärke wahrgenommen. Auch hier trifft zu, dass die bisherige Forschungsliteratur noch keine Kriterien genannt hat, die als solche Faktoren definiert werden könnten (in Ansätzen tun dies jedoch neuere Forschungsarbeiten, siehe Lehmkuhl & Peters, 2016[a]). Hinzu treten des Weiteren relevante Drittvariablen (bspw. bisheriges Verhalten, soziodemografische Merkmale). An diesem Punkt setzen die DFG-Projekte an, auf deren Ergebnisse nachfolgend eingegangen wird.

3.2.2   Aktuelle empirische Bestandsaufnahme

Die Ergebnisse sollen im Folgenden, nach den durchgeführten Studien unterteilt, vorgestellt werden. Es wird also zunächst um die Ergebnisse der qualitativen Interviews mit Wissenschaftsjournalisten gehen, in denen offen nach Vorstellungen auf allen drei Einflussebenen des reasoned action approachs gefragt wurde. Der thematische Kontext für diese Untersuchung war die Berichterstattung über die wissenschaftliche (Un)Gesichertheit der Nanotechnologie. Im Anschluss geht es dann um eine quantitative Befragung deutscher Wissenschaftsjournalisten zu deren Berichterstattung über Bio- oder Lebenswissenschaften (life sciences). Die Ergebniskapitel dienen nicht allein der Modellaufstellung und deren Test, sondern werden an gegebenen Stellen auch auf weitere relevante Resultate verweisen – nur so kann ein umfangreicher Blick eingenommen werden.

3.2.2.1 Qualitative Interviews mit Wissenschaftsjournalisten zur Identifikation salienter Vorstellungen

Bezogen auf das erstellte Modell (Kapitel 3.2.1) ging es in einem ersten Schritt darum, saliente Vorstellungen auf allen drei Ebenen der Einflussfaktoren des reasoned action approachs (das sind verhaltensbezogene Einstellungen, subjektive Norm und wahrgenommene Verhaltenskontrolle) zu ermitteln. Laut Fishbein und Ajzen (2010) eignen sich hierfür besonders qualitative Interviews. Diese wurden im Frühjahr 2012 mit Wissenschaftsjournalisten geführt.[54]

Zunächst soll jedoch auf generelle Wahrnehmungen der Journalisten eingegangen werden. So gaben nahezu alle Wissenschaftsjournalisten an, dass die Ergebnisse im Bereich der Nanotechnologie als unabgeschlossen zu betrachten sind. Dennoch unterscheiden sich die Journalisten bezüglich ihrer vorrangigen Darstellungsweise: Neun Journalisten gaben an die Ergeb-

---

[54] Durch die Inhaltsanalyse über die Berichterstattung der Nanotechnologie (Heidmann & Milde, 2013) wurden die relevantesten Wissenschaftsjournalisten identifiziert und um ein persönliches Interview gebeten. Insgesamt wurden 21 Interviews in elf deutschen Städten durchgeführt. Die Journalisten stammen von Tageszeitungen, Wissenschaftsmagazinen, Nachrichtenmagazinen und Fernsehsendern. Die Interviews wurden transkribiert und dann qualitativ inhaltsanalytisch ausgewertet. Für genauere Informationen zur Methode, siehe Guenther und Ruhrmann (2013), sowie Guenther Froehlich und Ruhrmann (2015).

nisse der Nanotechnologie mehrheitlich als ungesichert darzustellen, sechs Journalisten sahen sich sowohl gesicherte als auch ungesicherte Aspekte darstellen und weitere sechs Journalisten stellten Fakten als gesichert dar.

Abbildung 5:   Zusammenhang zwischen der Darstellung wissenschaftlicher Evidenz und jener von Chancen und/oder Risiken, siehe Guenther, Milde & Ruhrmann 2014.

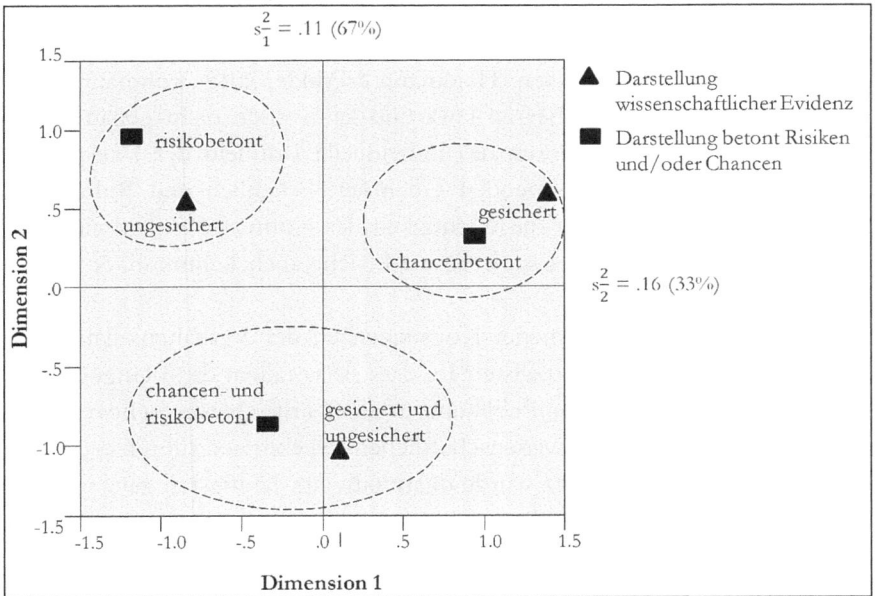

Es traten hierbei keine Unterschiede zwischen den spezifischen nanotechnologischen Themen oder einbezogenen Medien auf. Wohl aber, wie es die Inhaltsanalysen bereits zeigten, fanden sich Tendenzen einer Korrelation zwischen der Darstellung von (Un)Gesichertheit und jener von Chancen und/oder Risiken (Guenther & Ruhrmann, 2013). Abbildung 5 beruht auf einer Korrespondenzanalyse und bildet diese ab (Guenther, Milde & Ruhrmann, 2014). Wie zu sehen ist, stellten sich drei Gruppen von Journalisten heraus, die nachfolgend vorgestellt werden.

Die erste Gruppe stellt die Ungesichertheit der Nanotechnologie dar und fokussiert mehrheitlich auf die Risiken. Die zweite Gruppe stellt Forschungsergebnisse in diesem Bereich als gesichert dar und betont mehrheitlich die Chancen. Die dritte Gruppe liegt zwischen diesen beiden Extremen. Die Darstellung wissenschaftlicher Evidenz könnte demnach mit dem Fokus auf konkrete Anwendungen und Chancen versus Risiken einer Technologie erklärt werden (siehe Guenther & Ruhrmann, 2013, sowie Guenther, Milde & Ruhrmann, 2014). Hierfür fanden sich bereits Tendenzen in den durchgeführten Inhaltsanalysen (Heidmann & Milde, 2013; Ruhmann et al., 2015). Dieses Bild greift aber zu kurz und kann noch nicht genau genug verdeutlichen, welche Faktoren das individuelle Handeln der Journalisten beeinflussen (hierfür im Folgenden Guenther, Froehlich und Ruhrmann, 2015). Es unterstreicht aber die Wichtigkeit des Kontexts, in dem ein Thema journalistisch eingebettet ist, bzw. wird (siehe auch Lehmkuhl & Peters, 2016[b]).

Bezüglich wahrgenommener Konsequenzen des Verhaltens gaben die befragten Wissenschaftsjournalisten an, dass sie vorallem dann Ungesichertheit darstellen, wenn sie ihr Publikum zu einer kritischeren Sichtweise gegenüber Wissenschaft und wissenschaftlichen Ergebnissen führen möchten. Diese Handlungskonsequenz wurde quantitativ am häufigsten genannt. Ein Journalist bemerkte:

> „Wenn man offen darüber kommuniziert, was man weiß und was nicht, dann wird das die Öffentlichkeit auch viel besser akzeptieren."[55]

Ein weiteres Beispiel:

> „Ich möchte, dass mein Publikum viel kritischer mit beispielsweise Artikeln umgeht, die Nanotechnologie nur anpreisen."

---

[55] Die Ergebnisse sollen mit einigen ausgewählten Originalzitaten vorgestellt werden; hierbei wird die Anonymität der Befragten gewahrt.

Ein weiterer wichtiger Punkt ist die Konsequenz, dass durch eine solche Darstellung die Qualität eines journalistischen Beitrags erhöht wird. Zwei Zitate können dies dokumentieren:

> „Ungesichertheit, wissenschaftliche Standards und Kriterien – all das steigert auch die Qualität meiner eigenen Beiträge."
> „Für mich ist es ein journalistisches Ethos Ungesichertheit darzustellen. Ich kann ja gar nicht alle Fachpublikationen kennen, um von Gesichertheit auszugehen."

Weitere angegebene Konsequenzen bedenken ebenfalls das Publikum: Dieses würde dann weitere Ergebnisse erwarten, wäre besser informiert und würde den Bedarf weiterer Forschungsarbeit erkennen, und/oder eventuell auf Konsumprodukte verzichten. Einige Journalisten bedachten auch, dass politische Maßnahmen durch eine solche Berichterstattung angeregt werden könnten, oder dass das Publikum negative Einstellungen gegenüber der Nanotechnologie entwickeln könnte.

Wenn im Kontrast dazu Wissenschaftsjournalisten Ergebnisse der Nanotechnologie mehrheitlich als gesichert darstellen, dann wollen sie damit die Akzeptanz beim Publikum steigern, das sie zusätzlich bilden und aufklären wollen. Wie die Journalisten aber selbst zugaben, könnte eine solche Berichterstattung falsch sein bzw. auch dazu führen, dass das Publikum skeptischer wird.

> „Laien verstehen keine Ungesichertheit. Wir müssen unsere Ergebnisse als gesichert verkaufen. Wir wollen sie ja nicht verschrecken",

sagte bspw. einer der Journalisten. Ein zweiter bemerkte:

> „Ungesichertheit würde von unseren Lesern nicht verstanden werden; die würden denken wir berichten jede Woche über eine neue Technologie. Mal sind Aspekte der Nanotechnologie sicher und mal nicht – das würde keiner verstehen."

Die genannten Zitate stammen von Journalisten, die ein Verständnis von wissenschaftlicher Evidenz haben. Es zeigte sich aber auch, dass einige Journalisten ein solches Verständnis nicht hatten und nur deshalb Forschungsergebnisse der Nanotechnologie als gesichert darstellten. Die folgenden Zitate verdeutlichen das:

> „Natürlich ist das alles gesichert, sonst würde ich sie ja gar nicht Forschungsergebnisse nennen. Die sind immer gesichert."
> „Wir berichten nur über peer-reviewte Ergebnisse, die sind immer gesichert."
> „Wenn Wissenschaft richtig gemacht ist, dann ist sie gesichert."
> „Was in wissenschaftlichen Zeitschriften steht, ist gesichert. Wir müssen unseren Quellen, Wissenschaftlern, vertrauen – wem sonst können wir vertrauen?"

Hier werden wichtige Punkte angesprochen, die verdeutlichen, dass, trotz des häufig akademischen Hintergrunds, längst nicht alle Wissenschaftsjournalisten wissen, was wissenschaftliche Evidenz eigentlich bedeutet.[56] Hierbei konnte kein Unterschied zwischen den unterschiedlichen Themen, über die berichtet wird, ausgemacht werden.

Grundsätzlich zeigte sich, dass zumeist positive seltener aber negative Konsequenzen des eigenen Handelns durch die Journalisten bedacht werden und dass viele Konsequenzen einen klaren Bezug zum Publikum haben. Oder anders ausgedrückt, trifft dies zumindest für diejenigen Konsequenzen zu, die dem Journalisten bewusst waren und deshalb hier als salient interpretiert werden.[57] Die Vermutung liegt demnach nahe, dass wir auf der Einstellungsebene tatsächlich eine Verbindung zwischen bedachten Konsequenzen und Wahrnehmungen über das Publikum und journalistische Rollenbilder ziehen können, während in dieser Studie keine Indizien für Nachrichtenfaktoren gefunden wurden.

Werden die Journalisten gefragt, wer potentiell Erwartungen an eine Darstellung wissenschaftlicher Evidenz haben könnte (injunktive subjektive Normen), dann zeigt sich einheitlich, also unerheblich dessen, ob die Journalisten eher gesicherte oder ungesicherte Aspekte der Nanotechnologie

---

[56] Kritiker könnten jetzt meinen, es würde sich hierbei um keine richtigen Wissenschaftsjournalisten im Sample handelt. Da der Auswahl der Journalisten (als die Hauptberichterstatter über Nanotechnologie in Deutschland 2011) eine systematische Inhaltsanalyse zu Grunde lag, wird dieser Kritik entschieden widersprochen.
[57] Das gilt ebenso für die erhobenen normativen und kontroll-bezogenen Vorstellungen.

darstellen, dass dies Wissenschaftler, das Publikum, PR-Mitarbeiter, Chefredakteure, und/oder Kollegen sind. Auf die Frage, wer selbst wissenschaftliche Evidenz darstellt (deskriptive subjektive Normen), antworteten sie Kollegen, Chefredakteure, Wissenschaftler und PR-Mitarbeiter. Beide genannten Personengruppen (injunktive und deskriptive normative Vorstellungen)
könnten demnach potentiell beeinflussen, wie wissenschaftliche (Un)Ge-
sichertheit in den Medien dargestellt wird.

Bezüglich der wahrgenommenen Verhaltenskontrolle nannten die
Journalisten schließlich weitere Faktoren, die die Darstellung wissenschaftlicher Evidenz erleichtern oder behindern können. Das sind zum einen die
jeweiligen wissenschaftlichen Ergebnisse, über die berichtet werden soll und
deren Inhalte, des Weiteren die Qualität einer Quelle, die Berichterstattung
anderer Medien, aber auch der eigene Wissensstand eines Journalisten bezüglich eines bestimmten Themas. Kennt sich der Journalist auf einem Gebiet sehr gut aus, dann weiß er bspw. um die Forschung und die offenen
Forschungsfragen und kann die Studienergebnisse besser bewerten. Die
Qualität einer Quelle hilft bspw. auch in Fällen in denen der Journalist nicht
einschätzen kann, welche der sich widersprechenden Positionen eigentlich
Recht hat.

Durch die qualitativen Interviews wurden Vorstellungen der Journalisten auf allen wichtigen Ebenen (verhaltensbezogene Vorstellungen,
injunktive und deskriptive soziale Normen, wahrgenommene Verhaltenskontrolle) des reasoned action approachs erhoben (Guenther, Froehlich &
Ruhrmann, 2015). Mit diesen kann nun das Modell, das aufgrund der feh-
lenden Bezüge in der Forschungsliteratur leer gehalten wurde, aufgefüllt und
getestet werden. So können die genannten positiven und negativen Verhaltenskonsequenzen bspw. auf der Ebene der Einstellungen von Journalisten
wert-erwartungstheoretisch bewertet werden. Adäquat gilt dies für normative und kontrollbezogene Vorstellungen. In der quantitativen Befragung, auf
die nachfolgend eingegangen wird, werden die bisherigen Ergebnisse, darunter zählen das Zusammenspiel von (Un)Gesichertheit- und Risiken/

Chancen-Darstellung wie die Frage, ob es thematische Unterschiede gibt, zusammengefasst betrachtet.

Das nachfolgende Unterkapitel stellt das vorerst letzte Set an Ergebnissen zu diesem Thema vor.

3.2.2.2   Quantitative Befragung von Wissenschaftsjournalisten zum Zweck des Modelltests

Die Journalisten in der im Folgenden vorgestellten Studie wurden im Frühjahr 2014 per Telefon befragt.[58] Anders als in Inhaltsanalysen oft dokumentiert, war die Intention unter den Journalisten Ungesichertheit darzustellen recht hoch (Guenther & Ruhrmann, 2016).[59] Dies könnte am Thema der Bio- oder Lebenswissenschaft liegen oder am Einschluss aller möglichen Massenmedien in das Sample.

Wie Tabelle 2 zeigt, traten für den Bereich der Lebenswissenschaften durchaus Unterschiede in der Wahrnehmung wissenschaftlicher Evidenz durch die Journalisten auf. So nehmen diejenigen Journalisten, die hauptsächlich über Ernährungsthemen, Umwelt, Medizin, Therapien und Biomedizin berichten, weniger die wissenschaftliche Ungesichertheit dieser Themen wahr als diejenigen, die hauptsächlich über Nanotechnologie, Grundlagen und Biotechnologie berichten. Es sei aber hinzugefügt, dass diese Unterschiede statistische Signifikanz verlieren, wenn es darum geht, ob diese

---

[58] Es handelt sich um 202 deutsche Wissenschaftsjournalisten, die zwei relevante Kriterien erfüllen mussten: Sie mussten mehr als 33% ihrer Arbeitszeit als Wissenschaftsjournalist verbringen und über Themen der Lebenswissenschaft berichten. Für die Identifikation dieser Journalisten wurde in mehreren, aufwändigen Schritten eine Datenbank angefertigt; die Journalisten wurden dann vom CATI-Labor der Friedrich-Schiller-Universität Jena kontaktiert und befragt. CATI steht für *computer assisted telephone interviews*, also computergestützte Telefoninterviews. Nähere Informationen sind zu finden in Guenther, Bader, Kessler und Ruhrmann (2015b), Guenther und Ruhrmann (2016), und Maier et al. (2016).
[59] Nur 28% der Befragten gaben an, dass es eher unwahrscheinlich sei, dass sie Ungesichertheit darstellen.

Ungesichertheit auch in den Medienbeiträgen dargestellt wird.[60] Deshalb ist die Frage, inwieweit die jeweiligen Themen die Berichterstattung über wissenschaftliche Evidenz beeinflussen noch nicht abschließend zu beantworten. Hier ist weitere Forschungsarbeit in Inhaltsanalysen und Befragungsstudien notwendig.

Tabelle 2: Journalistische Wahrnehmung von Ungesichertheit (Mittelwerte und Standardabweichungen) im jeweiligen Hauptberichterstattungsfeld.

Hauptberichterstattungsfeld	Wahrnehmung von Ungesichertheit	
	M [a]	SD
Ernährung	4.44[b]	1.74
Umweltwissenschaften	4.54[b]	2.40
Medizin	5.23[b]	2.08
Biologie	5.64[b]	1.64
Therapeutische Anwendungen	5.74[b]	2.11
Biomedizin	5.81[b]	1.27
Nanotechnologie	6.27[c]	2.14
Grundlagenwissenschaft	6.36[c]	1.95
Biotechnologie	6.76[c]	2.08

Hinweise. Varianzanalyse; [a] 11-Punkt Likert-Skala (von *wenig* bis *sehr ungesichert*). [b] und [c] stehen für die Zuordnung zu homogenen Subsets (Duncans Posthoc-Test). $R^2 = 7.4$.

Für die Stichprobe von Wissenschaftsjournalisten in dieser Studie finden sich erneut Hinweise darauf, dass eine Darstellung von Ungesichertheit mit einer Darstellung von Risiken korreliert, sowie eine Darstellung von Chancen mit jener von Gesichertheit. Dies wurde über gebildete Cluster an Wissenschaftsjournalisten dokumentiert (Guenther et al., 2015[b]). Gerechnete Korrelationen zeigen das ebenfalls: Je mehr die Journalisten bereit sind Ungesichertheit darzustellen, desto eher bezeichnen sie ihre Berichterstat-

---

[60] Einschränkend muss gesagt werden, das hier nur auf Themen innerhalb der Lebenswissenschaften fokussiert wurde und nicht auf die generelle Berichterstattung über Wissenschaft.

tung als risikobetont. Da sich dieses Ergebnis über alle Studien hinweg zeigte, sollte hier zukünftig sowohl verstärkt theoretische als auch empirische
Arbeit investiert werden.

Für die getesteten verhaltensbezogenen Vorstellungen (im Folgenden
Guenther und Ruhrmann (2016)) zeigte sich, dass die salientesten Konsequenzen, die Journalisten bedenken, wenn sie Aspekte von Ungesichertheit
darstellen wollen, ganz deutlich publikumsbezogen sind: Leser und Zuschauer sollen dann weitere Erkenntnisse erwarten, über Themen nachden-
ken und eine kritischere Sichtweise etablieren. Es geht weniger darum, dass
sie keine Konsumprodukte kaufen oder verunsichert werden sollen, noch
weniger sollen politische Maßnahmen angeregt werden. Für Vorstellungen
über injunktive subjektive Normen Ungesichertheit darzustellen, zeigte sich,
dass Journalisten den Erwartungen des Publikums und ihrer Chefredakteure
mehr Bedeutung zuschreiben als jenen von Kollegen und Wissenschaftlern;
am wenigsten den PR-Mitarbeitern. Für die Vorstellungen über wahrgenommene Verhaltenskontrollen schienen zunächst deskriptiv die Qualität
von Quellen, Inhalte der wissenschaftlichen Ergebnisse und der eigene Wissensstand über Forschung auf einem bestimmten Gebiet handlungsleitend
zu bewerten.

Letztendlich ging es um die Frage, welche Faktoren das Handeln der
Journalisten, in diesem Fall Ungesichert darzustellen, am meisten beeinflussen.[61] Dafür wurde das erstellte Modell einem Test unterzogen.[62] Im Ergebnis zeigte sich, dass die Berichterstattung anderer Medien als Kontrollvor-
stellung, die generelle Wahrnehmung von Ungesichertheit im Berichterstat-

---

[61] Um das Modell in der Telefonbefragung zu testen, wurde sich auf eine abhängige Variable
festgelegt, weil die Interviews nicht länger als 15 Minuten dauern sollten (deshalb wurde nicht
einmal nach gesichert und einmal nach ungesichert gefragt). Zeitknappheit führte auch dazu,
dass nur injunktive aber keine deskriptiven subjektiven Normen getestet wurden. Es wurde
sich für die injunktiven Normen entschieden, weil diese stärker in der Literatur gestützt
werden (Fishbein & Ajzen, 2010). Die abhängige Variable in dieser Untersuchung ist die
Darstellung von Aspekten wissenschaftlicher Ungesichertheit in einem Beitrag über Lebenswissenschaften, der in den nächsten Tagen verfasst werden soll (siehe Guenther und
Ruhrmann (2016)).
[62] Die aufgeklärte Varianz liegt insgesamt bei 43%; ein sehr akzeptabler Wert.

tungsfeld als Drittvariable, Wahrnehmungen des Publikums als injunktive normative Vorstellungen, bisheriges Verhalten und das Geschlecht (beides Drittvariablen) signifikante Prädiktoren der journalistischen Intention Ungesichertheit darzustellen sind (Guenther & Ruhrmann, 2016). Anders ausgedrückt bedeutet das, dass die Intention eines Journalisten Ungesichertheit darzustellen dann steigt, wenn:

- die Journalisten wahrnehmen, dass andere Medien auch Ungesichertheit darstellen,
- sie selbst Ungesichertheit in ihrem lebenswissenschaftlichen Hauptberichterstattungsfeld identifizieren,
- sie glauben, das Publikum erwarte eine Darstellung von Ungesichertheit,
- sie bisher auch Ungesichertheit in ihren Beiträgen dargestellt haben und
- dass mehr Ungesichertheit dargestellt wird, ist wahrscheinlicher, wenn die Journalisten männlichen Geschlechts sind.

Die Ergebnisse sind zum Teil mit dem Forschungsstand kompatibel (Lehmkuhl & Peters, 2016[a]). Die wichtige Rolle des Publikumsbildes wurde theoretisch schon von Dunwoody (1997) und Stocking (1997) prophezeit und fand erste empirische Unterstützung in Stocking und Holstein (2009). Dasselbe gilt für die Bedeutung eigener Interessen und Überzeugungen, wie am signifikanten Ergebnis der eigenen Wahrnehmung von Ungesichertheit und bisherigen Verhaltens deutlich wird. Sicherlich überraschende Ergebnisse sind die Bedeutung der Berichterstattung anderer Medien und der Geschlechtseffekt.

Bisher lagen keine Studien vor die auf beides hinwiesen und eine Erklärung bereitgestellt hätten, deshalb soll an dieser Stelle auch kein Erklärungsversuch erfolgen. Eventuell berichten aber beide Geschlechter über unterschiedliche Bereiche der Bio- oder Lebenswissenschaften und so kommen die Unterschiede zu Stande. Hier muss grundsätzlich auf den Bedarf weiterer Forschungsarbeit verwiesen werden. So wäre es bspw. auch interessant herauszufinden, welche anderen Medien das genau sind, die Journalisten bei

der Darstellung von Evidenz beeinflussen (und diese dann auch inhaltsanalytisch zu untersuchen).

Die Erkenntnisse dieses Kapitels sollen abschließend zusammengefasst
werden, bevor das letzte Kapitel dieses Buches (Kapitel 4) eine kritische
Diskussion aufwerfen und Anleitungen für zukünftige Forschung, sowohl
theoretischer als auch empirischer Natur, bereitstellen wird. Zudem soll
dann diskutiert werden, welche Vor- und Nachteile eine evidenzsensible
Kommunikation beinhaltet.

3.3   Zusammenfassung

- Es fehlte bisher an theoretischen Modellen, die erklären konnten, wa-
  rum einige Wissenschaftsjournalisten Ungesichertheit darstellen bzw.
  betonen, andere jedoch nicht.
- Vorherige Modellversuche haben einen starken journalistischen Fokus,
  sind jedoch zu unspezifisch, um zu erklären welche Faktoren welches
  Darstellungsverhalten evozieren.
- Es liegen theoretische Vermutungen vor, dass individuelle Charakteristika eines Journalisten, Berufsmerkmale und kulturelle Faktoren einen
  Einfluss auf die Darstellung wissenschaftlicher Evidenz haben.
- So könnten Ungesichertheit wie auch die Kontroverse Nachrichtenfak-
  toren sein, die Aufmerksamkeit beim Publikum generieren sollen.
- Auf der anderen Seite könnte das häufige Fehlen von Angaben über
  Ungesichertheit damit zusammenhängen, dass Wissenschaftsjournalisten denken, ihr Publikum könne nicht mit wissenschaftlicher Sprache
  und wissenschaftlichen Konzepten umgehen.
- In beiden Fällen wird die zentrale Rolle des Publikums deutlich.
- Die bisher am nächsten am eigenen Forschungsinteresse liegende Studie (Stocking & Holstein, 2009) benennt persönliche Interessen, das individuelle Verständnis von Wissenschaft, Publikumswahrnehmungen,
  vor allem aber das Rollenselbstverständnis als diejenigen Faktoren, die
  beeinflussen wie Journalisten wissenschaftliche Evidenz darstellen.

- Um den Forschungsstand zu erweitern, wurde auf Basis einer Handlungstheorie ein eigenes Modell erstellt und getestet.

- Es zeigte sich dabei, dass, unerheblich dessen, ob Journalisten vornehmlich gesicherte oder ungesicherte Aspekte von Forschung darstellen, sie dabei vor allem ihr Publikum bedenken; dieses soll (bei Darstellung von Ungesichertheit) gern kritischer und neugieriger oder (bei Darstellung von Gesichertheit) auch einfach aufgeklärt werden.

- Journalisten, die verschiedene Themenbereiche der Bio- oder Lebenswissenschaft darstellen, unterscheiden sich in ihrer Wahrnehmung wissenschaftlicher Evidenz in diesen Gebieten, aber nicht unbedingt in der Darstellung.

- Die Ungesichertheitsdarstellung korreliert mit einer Darstellung von Risiken wissenschaftlicher Erkenntnisse.

- Im Modelltest zeigte sich, dass Journalisten bereitwilliger Ungesichertheit darstellen, wenn sie wahrnehmen, dass andere Medien auch Ungesichertheit darstellen, wenn sie selbst Ungesichertheit in ihrem lebenswissenschaftlichen Hauptberichterstattungsfeld wahrnehmen, wenn sie glauben, das Publikum erwarte eine Darstellung von Ungesichertheit, wenn sie bisher auch Ungesichertheit in ihren Beiträgen dargestellt haben und zudem wenn sie männlichen Geschlechts sind.

4   Schlussbetrachtung

In diesem letzten Kapitel sollen die vorgestellten Ergebnisse nun diskutiert werden. Im Folgenden werden die zentralen Erkenntnisse zunächst kurz zusammengefasst (Kapitel 4.1). Sie werden dann einer kritischen Diskussion unterzogen (Kapitel 4.2), bevor sich die Schlussbetrachtung den daraus abgeleiteten zukünftigen Forschungsfragen widmet (Kapitel 4.3).

4.1   Zusammenfassung

Wissenschaftsjournalisten stehen vor einer schwierigen Aufgabe. Sie müssen detaillierte und mit wissenschaftlichem Jargon gespickte, (un)gesicherte und vor dem Hintergrund gewählter Theorien und Methoden diskutierte wissenschaftliche Ergebnisse in zunehmend kürzerer Zeit und in wenigen Worten (und Bildern) für das Laienpublikum aufbereiten (Hijmans, Pleijter & Wester, 2003). Zwar handelt es sich hierbei nur um ein Kleinressort des Journalismus (Göpfert & Ruß-Mohl, 2006), dennoch herrscht durchaus Konsens dahingehend, dass diese Informationen für das Publikum hochgradig wichtig sind, um die Bedeutung wissenschaftlicher Ergebnisse richtig einzuordnen.

> „[The] way new technologies or scientific breakthroughs are communicated in social settings is at least as important as the scientific content that is being conveyed when lay audiences interpret new technologies or make decisions about public funding for science", (Scheufele, 2013, S. 14040).

Dabei gehen Wissenschaftsjournalisten immer selektiv vor (Rosen, Guenther & Froehlich, 2016) und sie haben, auch wenn sie sich vorrangig als
neutrale Informationsvermittler sehen (Amend & Secko, 2012; Bauer et al.,
2013), – so der Forschungsstand – die Wahl Angaben über wissenschaftliche (Un)Gesichertheit und evidenzrelevante Informationen in ihre medialen
Beiträge zu integrieren oder eben nicht (Corbett & Durfee, 2004; Stocking,
2010). Ihnen wird eine bedeutende und tragende Rolle in der öffentlichen
Kommunikation von Wissenschaft zugesprochen. Ausgehend von dieser
Feststellung wurden in diesem Buch mehrere Perspektiven eingenommen.
Es ging dabei vorrangig um eine Erweiterung bisheriger Erkenntnisse, sowohl theoretisch als auch empirisch, und eine stärkere Betrachtung des
deutschen im Vergleich zum amerikanischen und britischen Kontext.

   Die Quellen des Wissenschaftsjournalisten sind ein erster Baustein auf
dem Weg dahin zu verstehen, wie und warum Journalisten wissenschaftliche
Evidenz und evidenzrelevante Informationen darstellen. Die bisherige Forschung orientiert sich bisher aber nicht an den Texten von Wissenschaftlern
(ihre Artikel, Bücher, Blogbeiträge und social media-Aktivitäten), sondern
an den Informationen, die von wissenschaftlicher Presse- und Öffentlichkeitsarbeit bereitgestellt werden. Soweit es Materialien von Pressestellen
sind, zeigt der Forschungsstand, dass diese bereits als im wissenschaftlichen
Sinn nicht angemessen gelten. So fehlen häufig Verweise auf Ungesichertheit und evidenzrelevante Informationen (bspw. Brechman, Lee & Capella,
2009; Sumner et al., 2014). Es zeigt sich, dass sich dies dann auch auf journalistische Beiträge auswirken kann (Schwartz et al., 2012). Es ist zusätzlich
davon auszugehen, dass Wissenschaftler vorsichtig die Vor- und Nachteile
abwägen, die bei einer öffentlichen Kommunikation von (Un)Gesichertheit
bestehen (Maier et al., 2016).

   Journalisten wiederum stehen theoretisch drei verschiedene Darstellungsarten zur Verfügung, um wissenschaftliche Evidenz darzustellen: Sie
können wissenschaftliche Ergebnisse als gesichert darstellen (auch wenn
diese Gesichertheit nur suggeriert wird), sie können Ungesichertheit prominent platzieren, bis weilen sogar überbetonen, und sie können eine im wis-

senschaftlichen Sinn akkurate Berichterstattung bereitstellen (Guenther, Froehlich & Ruhrmann, 2015). In allen drei Fällen können Verweise auf evidenzrelevante Informationen stattfinden oder nicht. Wie der Forschungs-stand aufzeigt, ist davon auszugehen, dass Journalisten auch von allen drei Arten Gebrauch machen. Die meisten Arbeiten zu diesem Thema doku-mentieren jedoch eine Darstellung, die vorrangig auf Gesichertheit verweist (Cacciatore et al., 2012; Dudo, Dunwoody & Scheufele, 2011). Evidenz-relevante Informationen fehlen zudem sehr häufig in der Berichterstattung (Hijmans, Pleijter & Wester, 2003) und werden zum Teil als Non-Nachrichtenfaktoren bezeichnet (Mellor, 2015). Es findet sich demnach durchaus Unterstützung für Flecks (1979) Thesen: Es scheint, je weiter eine Information vom Kreis der Wissenschaftler wandert, desto gesicherter wird sie.

Gleichzeitig weist der Forschungsstand zur journalistischen Wahrneh-mung und Rationalität darauf hin, dass Wissenschaftsjournalisten innerhalb ihrer journalistischen Institutionen Angaben über Evidenz in Abhängigkeit von Themeneigenschaften, Wahrnehmungen des Publikums, Interessen und Rollenselbstverständnis, aber auch den Charakteristika ihrer vorliegenden Quellen integrieren. Hierfür fehlten bisher aber elaborierte theoretische Modellierungen.

Mit den eigenen Forschungsarbeiten wurde der Versuch unternommen, das Untersuchungsfeld systematisch zu erweitern. Es zeigte sich, dass im Fernsehen und zu medizinischen Themen durchaus Verweise auf Ungesichertheit stattfinden. Dies erfolgt zum einen im Kontext neuester wissenschaftlicher Forschungsergebnisse und zum anderen im Kontext von Risiken und Kontroversen. Geht es um Grundlagenwissen, dann wird vor-rangig die Gesichertheit des präsentierten Wissens betont (Kessler, Guen-ther & Ruhrmann, 2014; Ruhrmann et al., 2015). Eine Inhaltsanalyse über die Berichterstattung der Nanotechnologie erweitert diese Erkenntnis um die Beobachtung, dass Gesichertheit zudem oft bei Chancen und konkreten Anwendungsmöglichkeiten betont wird (Heidmann & Milde, 2013; Guen-ther, Milde & Ruhrmann, 2014). Zudem finden sich Hinweise darauf, dass es thematische Unterschiede geben könnte (Guenther et al., 2016): In den Naturwissenschaften und der Medizin scheint Ungesichertheit häufiger medial thematisiert zu werden als bspw. bei sozialwissenschaftlichen Themen. Auch in den Interviews bestätigte sich, dass einige Journalisten, obwohl die Mehrheit der qualitativ befragten Journalisten von der Ungesichertheit nanotechnologischer Forschung wusste, dennoch die Forschungsergebnisse als gesichert darstellten (Guenther, Froehlich & Ruhrmann, 2015; Guenther & Ruhrmann, 2013). Gründe hierfür hingen nicht nur mit dem Publikumsbild, sondern auch mit den eigenen Vorstellungen und Interessen zusammen. Der in diesem Buch dokumentierte Modelltest fällt recht zufriedenstellend aus und betont die Wichtigkeit des Publikumsbildes, eigener Wahrnehmungen und bisherigen Verhaltens, aber auch der Berichterstattung anderer Medien und des Geschlechts, wenn erklärt werden soll, warum nur in einigen Fällen Ungesichertheit dargestellt wird.

Um zu ergründen, warum es überhaupt wichtig ist, zu fragen wie und warum Wissenschaftsjournalisten wissenschaftliche Evidenz darstellen, benötigt es zudem einen Einblick in Wirkungsstudien dieses Aspekts. Zwar ist der Forschungsstand nicht konsistent, es zeigen sich aber Anhaltspunkte, dass verschiedene Darstellungen von Evidenz durchaus Auswirkungen auf das Interesse an Wissenschaft und die Wahrnehmung von Evidenz (Retzbach et al., 2013) oder Glaubwürdigkeitszuschreibungen (Jensen, 2008; Jensen & Hurley, 2012) von Laien haben. Rezipienten mit elaborierten Vorstellungen über Wissen und Wissenserwerb (epistemologische Überzeugungen) scheinen hierbei besser mit ungesicherten Informationen umgehen zu können (Rabinovich & Morton, 2012). Deshalb wird oft angenommen, dass auch Massenmedien dazu beitragen könnten, dass Laien zu elaborierteren Überzeugungen gelangen (siehe auch Guenther & Kessler, 2016; Kessler, Guenther & Ruhrmann, 2014).

Damit ist ein zentraler Punkt angesprochen, den es zu diskutieren gilt. Inwieweit soll(t)en Wissenschaftsjournalisten wissenschaftliche Ungesichertheit darstellen, um ein Verständnis dafür bei Laien zu fördern?[63]

4.2   Diskussion: Für und Wider einer evidenzsensiblen Kommunikation

Der Ansatz des public engagement with science fordert einen offenen und transparenten Umgang mit Wissenschaft und wissenschaftlichen Befunden, der bereits in einem frühem Stadium der technologischen Entwicklung einsetzen soll (Kurath & Gisler, 2009; Petersen et al., 2009; Rogers-Hayden & Pidgeon, 2007; Ruhrmann & Guenther, 2014a). Wie herausgearbeitet wurde, schließt dies auch eine öffentliche Aufklärung über wissenschaftliche Ungesichertheit mit ein (Maeseele, 2007; Retzbach, Otto & Maier, 2015). Auch Corbett und Durfee (2004) betonen, dass Ungesichertheit als elementarer Bestandteil der Wissenschaft angesehen werden muss, der Fortschritt sichere. Die Autoren sprechen sich dafür aus, dass Ungesichertheit medial nicht verschwiegen, sondern in den Forschungsprozess eingebettet werden sollte. Dies richtet sich somit an die Berichterstatter: Journalisten wird empfohlen, evidenzsensibel zu berichten (Ashe, 2013; siehe Kapitel 1.1.3). Um diesen Punkt zu diskutieren, sollten die Vor- und Nachteile[64] einer evidenzsensiblen Kommunikation in den Medien abgewogen werden, auch deshalb, weil der Verdacht besteht, dass hierbei vorrangig wissenschaftliche Kriterien an Journalisten, die wir als Akteure mit eigenen und unterschiedli-

---

[63] Sicherlich könnten viele weitere Diskussionspunkte behandelt werden, der gewählte scheint jedoch mit Rückblick auf die Theorie (u. a. public engagement with science) der zentralste zu sein. Zu den theoretischen, methodischen und ergebnisbezogenen Limitationen der einzelnen vorgestellten Studien ist auf die Originalpublikationen zu verweisen. Das soll an dieser Stelle nicht wiederholt werden.

[64] Die Reihenfolge ist dabei willkürlich, bedenkt aber, dass sich weitaus mehr Wissenschaftler für eine evidenzsensible Kommunikation aussprechen.

chen Rationalitäten kennengelernt haben, angelegt werden (siehe auch Kohring, 2004, 2005).

4.2.1   Vorteile einer evidenzsensiblen Kommunikation

Bei den Vorteilen einer offenen, transparenten und evidenzsensiblen Kommunikation wird häufig eine Publikumsperspektive eingenommen. So wird die Haltung vertreten, dass die mediale Darstellung von Forschungsergebnissen als zu gesichert falsche Eindrücke, wenn nicht sogar falsche Hoffnungen, bei Laien hervorrufen kann (siehe Ashe, 2013). Wenn sich dann nachträglich herausstellen sollte, dass Aussagen unwahr oder nicht abgesichert waren, dann würde sich dies wahrscheinlich negativer auf das Bild der Bevölkerung über Wissenschaft auswirken als wenn offen und transparent kommuniziert worden wäre (siehe auch Ebeling, 2008). Dies mag vielleicht bei einem Überblicksartikel über die Nanotechnologie nicht so schwer wiegen. Bei einer neuen medizinischen Anwendung, die vielleicht eine Krankheit betrifft, an der einige Menschen leiden, und die direkte Handlungskonsequenzen nach sich ziehen kann, erscheinen solche Fragen aber wichtig.

Wiedemann et al. (2009) betonen, dass Ungesichertheit in einem vernünftigen Diskurs zu kommunizieren sei. Dieser solle den Prinzipien der Fairness, Offenheit und Kompetenz folgen. Barke (2009, S. 358) bemerkt:

> „In science, where empirical knowledge is inherently uncertain and all theories are subject to refinement or refutation, uncertainty plays a different role than in clinical research. In the latter, uncertainty can directly affect the lives of patients or human subjects. Medical ethicists have many approaches to coping with such uncertainty, but they generally break down into questions about how much uncertainty about benefits and risks can be tolerated by patients, physicians, and the medical community. Similar questions are not applied to judging the risks and benefits of most nonclinical scientific research."

In eine ähnliche Richtung argumentieren Chew, Mandelbaum-Schmidt und Kun Gao (2006): Es sollte Hauptanliegen sein, das Publikum bestmöglich zu informieren und dazu zähle eben auch eine Darstellung von Ungesichertheit. Zwar sehnen sich Menschen, speziell bei gesundheitlichen Themen, nach gesicherten Erkenntnissen, da diese aber nicht umfangreich zur Verfügung stehen, sei eine Aufklärung über Ungesichertheit umso wichtiger. Und schon Collins (1987) forderte, dass Laien besser aufgeklärt werden sollten um wissenschaftliche Debatten verstehen zu können.

Warum braucht es dieses Verständnis? Wie Fischoff (2013, S. 14034) bemerkt:

> „The more that people know about science (e.g., physics), the easier it will be to explain the facts that matter in specific decisions (e.g., energy policy). The more that people know about the scientific process, per se, the easier it will be for science communications to explain the uncertainties and controversies that science inevitably produces."

Dabei gilt grundsätzlich, wie Scheufele (2013) betont, dass Laien nun einmal schlecht zwischen durchdachten und eher weniger guten Studien unterscheiden können und ein Verständnis des Wissenschafts- und Fortschrittsprozesses fehle. Deshalb spricht sich auch Rowan (1999, S. 207) dafür aus, dass in journalistischen Berichten mehr evidenzrelevante Informationen bereitgestellt werden sollten, und geht sogar noch einen Schritt weiter: „Reporters are more likely to achieve balance, accuracy, and objectivity in covering science news if they let audiences know how widely key claims are supported by most scientists." In dieser Argumentation lassen sich zum Teil die alte Grundannahme wiedererkennen, dass die Bevölkerung desto verständnisvoller sein wird, je mehr sie über Wissenschaft weiß und je positive sie eingestellt und aufgeklärt ist. Dies erinnert an frühe Annahmen wie jene zum scientific literacy-Konzept (siehe dazu Bauer, 2009; Miller, 1983, 2004).

Weiterhin wird gefordert, dass Wissenschaftsjournalisten die „Evidenzlage zu Nutzen, Schaden und die Ungewissheiten von medizinischen Maßnahmen verständlich [beschreiben]" (Koch, 2012, S. 24) und dabei unverzerrt und genau kommunizieren. Hoher Zeitdruck und knapper Platz würden nicht rechtfertigen, dass professionelle Ansprüche nicht erfüllt werden können. Solange ein Nutzen nicht tatsächlich nachgewiesen sei, müsse Ungesichertheit betont werden, auch wenn auf den ersten Blick interessante

Themen dann nicht so weit fortgeschritten wirken, wie sie oft in Pressematerialien angepriesen werden (Koch, 2012).

Milde und Barkela (2016) empfehlen, dass Hinweise auf wissenschaftliche Ungesichertheit eindeutig zu formulieren bzw. diese, sofern möglich, visuell durch Journalisten zu unterstützen sind. Dies könne einerseits der Glaubwürdigkeit und Verständlichkeit des Beitrags dienen und zum anderen dabei hilfreich sein, die Relevanz solcher Informationen hinsichtlich praktischer Entscheidungen besser einschätzen zu können. Stocking (2010) gibt Journalisten konkrete Handlungsanweisung für einen besseren Umgang mit Ungesichertheit: (1) Es sollte zwischen dem, was allgemein bekannt ist und dem, was spekulativ ist unterschieden werden; (2) Ein-Quellen-Journalismus ist zu vermeiden; (3) Ungesichertheit muss kenntlich gemacht werden, (4) Kontexteinbettung sollte erfolgen; (5) Interessenskonflikte müssen dargestellt werden und (6) Methoden erwähnt werden. Auch Appiah und Casasbuenas (2016) geben Handlungsempfehlungen für Journalisten: Darunter fällt das Lesen der Originalstudien ebenso wie die Forderung des sensiblen Umgangs mit Evidenz aus einer Verantwortungsposition heraus: Kausalitäten seien ohne Gesichertheit nicht zu berichten, auf Ungesichertheit sei hinzuweisen und Akkuratheit sei zu empfehlen.

Anhand der bisher referierten Studien wird zweierlei deutlich: Wissenschaftler fordern aus guten Gründen, dass Journalisten evidenzsensibler berichten und das Publikum solle ein Verständnis für Evidenz, Ungesichertheit und evidenzrelevante Informationen erlernen. Für den Risiko-Kontext: „[Nonexperts] should receive information about which sources of uncertainty are critical as well as information about the remaining evidence on which the risk characterization is based", (Wiedemann, Schütz & Thalmann, 2008, S. 163).

Sollte das die Folgerung aus dieser Argumentation sein, dann ist es jedoch nicht mit einer einfachen Forderung an die Journalisten getan. Wie Anhäuser und Wormer (2012), abgeleitet aus Befunden zum deutschen Medien-Doktor, konstatieren, benötigen Wissenschaftsjournalisten weiteres Training, um wissenschaftliche und medizinische Themen medial darzustellen. Dabei geht es den Autoren nicht unmittelbar um eine Adaption ihres Kriterienkatalogs, sondern viel mehr um das Schaffen eines Bewusstseins über diese Kriterien aufseiten der Journalisten. Zu diesen Kriterien gehört auch der vorsichtige Umgang mit Belegen und zum Teil die Nennung von evidenzrelevanten Informationen. Wormer (2006) spricht sogar von *evidenzbasierter Berichterstattung*.

Die Bereitschaft aufseiten der Journalisten zu Workshops und Trainings ist zwar teilweise hoch, ob diese wirksam sind, wird jedoch kritisch diskutiert. Eher ernüchternd sind bspw. die Ergebnisse von Klimmt, Sowka, Sjöström, Ditrich, Gollwitzer und Rothmund (2016) aus einem Workshop mit zwölf Journalisten zum Thema Berichterstattung über sozialwissenschaftliche Forschung. Während Sozialwissenschaftler dazu neigen, den Journalismus in der Pflicht zu sehen die Qualität der Berichterstattung zu verbessern, sahen die Journalisten, die am Workshop teilnahmen, dazu entweder keinen Anlass und/oder keine Kapazitäten. Im Gegenteil, sie forderten sogar bessere Wissenschafts-PR. Die Bereitschaft sich selbst (methodisches und statistisches sozialwissenschaftliches) Wissen anzueignen, war eher gering. Pressematerialien sollten laut den Journalisten auf eine kluge Selbstdarstellung gegenüber den Medien achten und Wissenschaftler nicht empfindlich reagieren, wenn Fehler in der Berichterstattung auftauchen.

Einschränkend muss jedoch gesagt werden, dass nicht alle Ergebnisse aus Workshops mit Journalisten in diese Richtung deuten. Bei Schneider (2010) erweiterten Journalisten ihr Bewusstsein über die Ungesichertheits-Rhetorik und sprachen sich für einen zukünftig sorgfältigeren Umgang mit wissenschaftlicher Evidenz aus. Sie lernten innerhalb des Workshops über „complex and contradictory ways in which uncertainty can be invoked," (Schneider, 2010, S. 196). Interessant wäre es die Inhalte beider Workshops intensiver miteinander zu vergleichen und daraus Lehren zu ziehen, bzw. auch weitere Workshops in die Analyse zu integrieren.

Unabhängig davon, ob Journalisten bereit sind zu lernen oder nicht, gibt es neben Vorteilen auch Nachteile einer evidenzsensiblen Kommunikation, auf die ebenfalls eingegangen werden soll.

4.2.2   Nachteile einer evidenzsensiblen Kommunikation

Die Nachteile einer evidenzsensiblen Kommunikation könnten natürlich
immer sein, dass die Gefahr besteht, dass eine Nennung von Ungesichertheit so auf Laien wirke, als sei kein Wissen oder kein brauchbares Wissen zu
einem Thema vorhanden (Ashe, 2013). Dies ist für viele Autoren auch eines
der Hauptelemente, die gegen false balance sprechen, und einige Forschungsergebnisse tendieren leider in die Richtung, dass Rezipienten falscher Ausgewogenheit annehmen, es sei kein Wissen vorhanden (Dunwoody, 2008). Zudem, darauf wurde schon verwiesen, werden von denjeni-
gen Wissenschaftlern, die vor allem die Vorteile einer evidenzsensiblen
Kommunikation sehen, sehr stark wissenschaftliche Kriterien an Journalisten angelegt. Eine Diskussion über dieses Thema benötigt jedoch auch
journalismustheoretische Perspektiven (siehe auch Kohring, 2004). Denn
für viele Wissenschaftler ist der Wissenschaftsjournalismus die Beobachtung
der Wissenschaft nach eigenen journalistischen Kriterien, die sich an außer-
wissenschaftlicher Relevanz orientieren muss (Kohring, 2005; Peters et al.,
2013).

Hodgetts et al. (2008) bemerken bspw., dass Journalisten nun einmal
stärker am Publikum als an den Wissenschaftlern orientiert sind, weil sie für
ein Laienpublikum produzieren. Die Quoteneinbrüche und Auflagenverluste
der letzten Jahre (Medienkrise, Kapitel 1.1.1) führen zusätzlich zu einer verstärkten Orientierung am Publikum. Meyen und Riesmeyer (2009) sprechen
sogar von der *Diktatur des Publikums*. Zudem stehen für Wissenschaftsjournalisten episodische Geschichten im Vordergrund und keine länger andau-
ernden Prozesse (Hömberg, 1992), wie eine Aufklärung der Bevölkerung
über wissenschaftliche Sprache und Konzepte. Selektionskriterien und damit
auch Relevanzkriterien unterscheiden sich zwischen beiden Akteursgruppen.

Wenn kritisiert wird, dass Journalisten zu wenig statistische Informatio-
nen repräsentieren und generell zu evidenzunsensibel berichten (Hijmans,
Pleijter & Wester, 2003), und den Schwerpunkt zu sehr auf human touch-
Themen legen, dann begegnen Hinnant und Len-Ríos (2009), dass solche

Darstellungen durchaus Personen erreichen könnten, die sonst von Wissenschaftsthemen überhaupt nicht erreicht würden. Die kritische Frage, die dann aber gestellt werden muss, ist jene, ob wissenschaftliche Akkuratheit gegen sprachliche Klarheit und eventuell Aufmerksamkeitsgenerierung eingetauscht werden kann und darf. „ So journalists find themselves caught between wanting to report science accurately and telling a compelling story that has conflict and interest", (Schneider, 2010, S. 192). Einige Journalisten glauben im Übrigen nicht nur, dass sie Informationen für ihr Publikum herunterbrechen müssen, sondern auch, dass sie Laien klare Anweisung geben müssen, besonders wenn es um medizinische und gesundheitsrelevante Themen geht (siehe Hinnant & Len-Ríos, 2009).

Geller et al. (2005) betonen, dass es viel weniger darum gehe den Inhalt der Kommunikation zwischen Wissenschaftlern und Journalisten zu verändern oder gar zu verbessern, sondern vielmehr die generelle Kommunikation zwischen beiden Akteursgruppen und ein Verständnis für die Tatsache geschaffen werden muss, dass Akkuratheit vielseitig gefasst werden kann.

Einige Autoren meinen, dass, wenn Evidenz unsensibel dargestellt wird, dies dann mit einem Qualitätsverlust einherginge. Nach Kohring (2005) hängt die Qualität des Wissenschaftsjournalismus davon ab, ob er spezifische Vertrauenserwartungen erfüllen kann, die an ihn gerichtet werden.[65] Erwartungen werden hierbei abgeleitet aus der Funktion des Wissenschaftsjournalismus: Orientierung und Information über Ereignisse, die Resonanz in mindestens zwei gesellschaftlichen Systemen auslösen könnten. Die Beobachtung der Umwelt erfolgt anhand der Kriterien des Journalismus, d.h. eng an den Erwartungen des Publikums und nicht der Wissenschaft. So fordert Kohring (2005) die Autonomie von wissenschaftlichen Relevanzkriterien. Mit dieser Perspektive kann begründet werden, warum sich Kriterien zwischen Wissenschaftlern und Journalisten unterscheiden und auch unterscheiden dürfen.

---

[65] Vertrauen in Medien sei dabei ein übergeordneter Faktor, der sich aus Vertrauen in die Selektion von Themen, die Selektion von Fakten, die Akkuratheit der Darstellung und journalistische Bewertungen zusammensetzt (Kohring & Matthes, 2007).

Es stellt sich zudem die Frage, inwieweit Rezipienten tatsächlich eine evidenzsensible Berichterstattung wollen. In Milde und Barkela (2016) wurde deutlich, dass dies nur für einen Teil von Fernsehzuschauern zutrifft. Zudem können verbale Ausdrücke von Ungesichertheit, selbst wenn die Berichterstattung evidenzsensibel ist, sehr unterschiedlich aufgefasst werden. So kann es einen Unterschied machen, wie ein Wort (bspw. „wahrscheinlich") von zwei unterschiedlichen Personen interpretiert wird: „[Translating] complex scientific data into everyday language understandable to lay people is especially challenging when scientific evidence is sparse and study results are inconsistent or difficult to interpret" (Wiedemann, Schütz & Thalmann, 2008, S. 178f.).

Hinzu kommt der Punkt, dass einige Wissenschaftler grundsätzlich fragen, wie viel wissenschaftliches Wissen Laien überhaupt benötigen. Gascoigne (2016) führte hierzu eine Befragung unter den Mitgliedern des internationalen *public communication on science and technology*-Netzwerkes durch und es zeigte sich, dass längst nicht alle Wissenschaftskommunikationsforscher zustimmen, dass Laien ein umfangreiches wissenschaftliches Verständnis benötigen um ihren Lebensalltag zu meistern. Es herrscht demnach auch Uneinigkeit im Forschungsfeld. Die jeweilige Perspektive hängt wahrscheinlich auch sehr stark damit zusammen, inwieweit Wissenschaftler wollen, dass sich Bürger in wissenschaftliche Debatten einbringen, bzw. es könnte manchmal der Eindruck entstehen, dass Wissenschaftler immer noch glauben eine Aufklärung über Wissenschaft führe automatisch zu mehr Akzeptanz derselben.

Die hier angeführten Punkte geben einen Überblick über Vor- und Nachteile einer evidenzsensiblen Kommunikation. Der Autor sieht sich nicht in der Pflicht eine normative Perspektive einzunehmen und sich für eine der beiden Seiten auszusprechen. Vielmehr sollte ein Überblick über Vorteile, Nachteile und jeweilige Begründungen gegeben werden. Es scheint mit Blick auf die Literatur jedoch so, als sprächen sich mehr Wissenschaftler für eine evidenzsensible Kommunikation aus. Andere Forscher sind gern aufgefordert hierzu (kritisch) Stellung zu nehmen, sowie zu weiteren offenen Forschungsfragen, die in zukünftigen Studien beantwortet werden können.

4.3   Offene Forschungsfragen

Nach der kurzen Zusammenfassung und der Diskussion, liegt nun der Fokus auf weiterem Forschungsbedarf. Offene Forschungsfragen bestehen sowohl auf theoretischer als auch auf empirischer Seite. Theoretisch ergeben sich aus den hier dokumentierten Zusammenhängen und Befunden folgende Aufgaben für zukünftige weitere Auseinandersetzungen mit diesem Thema:

1. Es bedarf einer Erweiterung des hier eingeführten theoretischen Modells zur Erklärung der journalistischen Entscheidung wissenschaftliche Evidenz darzustellen. Aus der Kritik bisheriger Versuche heraus (Dunwoody, 1997; Stocking, 1997) diese seien zu unspezifisch, wurde eine sozialpsychologisch orientierte Perspektive eingenommen, die, im Nachhinein betrachtet, doch stärker mit den vorhandenen theoretischen Ansätzen der Journalismustheorie hätte verbunden werden müssen. Engelmann (2012) zeigte bereits die Verbindung zwischen Nachrichtenfaktoren und verhaltensbezogenen Vorstellungen auf. Es würde sich lohnen dies weiter zu verfolgen, aber noch stärker persönliche Interessen und Rollenbilder zu integrieren. Gleichzeitig könnten organisationsbedingte/redaktionelle Einflüsse noch elaborierter mit den subjektiven Normen verbunden werden. Eine Idee wäre es, die Level des gatekeeping (Shoemaker & Vos, 2009) mit einer Handlungstheorie zu verzahnen und/oder ganz neu zu konzipieren (in Ansätzen Guenther & Ruhrmann, 2016).

2. Es bedarf auf theoretischer Seite zusätzlich einer genauen Betrachtung des Zusammenhangs zwischen wissenschaftlicher Ungesichertheit und der Definition eines Risikos (in Ansätzen auch Heidmann & Milde, 2013). Ist nicht vorhandenes Wissen über die Schadenshöhe und dessen Eintrittswahrscheinlichkeit wirklich immer auf die Wissenschaft zu-

rückzuführen (Ungesichertheit) oder auf andere Begleitumstände (Unsicherheit)? Ist es immer auf die Wissenschaft zurückzuführen, dann kann dies erklären, warum auch in journalistischen Beiträgen genau diese Verbindung häufiger aufzutauchen scheint. Ist es nicht darauf zurückzuführen, sollte verstärkt nach journalismustheoretischen Erklärungen gesucht werden. Im Umkehrschluss heißt das aber nicht, dass jede Ungesichertheit immer ein Risiko darstellt.

3. Die Verbindung der Repräsentation neuer Anwendungsmöglichkeiten und Chancen von Wissenschaft und Technologie und jener von Gesichertheit in den Medien ist wissenschaftlich gesehen fragwürdig, könnte aber stärker theoretisch mit den Arbeitsroutinen und Zielen der Journalisten begründet werden.

Empirisch ergibt sich aus den hier dargestellten Befunden Bedarf zu weiterer Forschungsarbeit auf den folgenden Gebieten:

1. Untersuchungen zu den Quellen des Journalisten sollten erweitern werden, um die genuinen Texte von Wissenschaftlern wie deren Aufsätze, Blogbeiträge, social media-Aktivitäten etc. mit einzubeziehen. Zudem ist der Fokus bisher zu stark auf medizinische und gesundheitliche Themen ausgelegt. Auch das sollte erweitert werden. Dem Journalisten stehen eine Vielzahl an Quellen zur Verfügung, die sich in ihren Evidenzdarstellungen sehr unterscheiden könnten, bspw. hinsichtlich der verschiedenen wissenschaftlichen Disziplinen.

2. Die spezifischen Rationalitäten der Kommunikatoren von wissenschaftlichen Pressestellen und weiteren Einrichtungen sollten untersucht werden, um mehr über deren Kommunikationsabsichten, Rationalitäten und Unterschiede zu jenen von Wissenschaftlern zu erfahren. Zudem sollte mehr über die Arbeitsroutinen dieser Presseeinrichtungen und deren Vorstellungen von wissenschaftlicher Evidenz (bzw. inwieweit diese dann auch in Pressematerialien einfließen) in Erfahrung gebracht werden.

3. Es sollte nach weiteren thematischen Unterschieden in der journalistischen Berichterstattung über wissenschaftliche Evidenz in verschiedenen Wissenschaftsdomänen gesucht und schließlich Begründungen erörtert und exploriert werden. Hierfür bedarf es eines verfeinerten Mess-
   instruments, das berücksichtigt, dass verschiedene Wissenschaftsdomänen unterschiedliche Kriterien von Evidenz definieren (in Ansätzen
   Guenther et al., 2016).

4. Nach erfolgreicher theoretischer Erweiterung des Modells sollte dieses
   mit einer repräsentativen Stichprobe getestet und weiter verifiziert werden. So zeigte sich in Guenther und Ruhrmann (2016) kein Einfluss der
   gemessenen Verhaltenskonsequenzen (behavioral beliefs). Diese müss-
   ten demnach noch elaborierter erhoben und getestet werden. Wenn wir
   verstehen, welche Faktoren die journalistische Darstellung beeinflussen,
   lassen sich auch einfacher konkrete Empfehlungen für bspw. Workshops mit Journalisten ableiten.

5. Es fehlen zudem elaborierte Wirkungsstudien, die noch genauer und
   tiefer analysieren, wie Rezipienten mit verschieden evident bzw.
   evidenzsensiblen Beiträgen umgehen und wie sich deren Verständnis
   erweitern lässt. Ergebnisse liegen hier erst in Ansätzen vor (siehe Kapitel 2.4).

Forschungsbedarf besteht demnach auf allen Ebenen des vereinfacht dargestellten Kommunikationsmodells (siehe Abbildung 1, Kapitel 1.1.3): bei den
Kommunikatoren, bei Journalisten und bei den Rezipienten. Ausgehend
von diesen offenen Forschungsfragen bleibt am Ende *certainty about
uncertainty* bestehen: Leser werden, passend zum Thema, mit wissenschaftlicher Ungesichertheit zurückgelassen. Aber auch das ist Fortschritt, denn es
gilt:

„Perhaps the most common outcome of the scientific process is not facts, but uncertainty" (Friedman, Dunwoody & Rogers, 1999, S. VII).

Literaturverzeichnis

Ajzen, I. (1991). The theory of planned behavior. *Organizational Behavior and Human Decision Processes, 50*, 179–211.

Ajzen, I. (2005). *Attitudes, personality and behavior.* Maidenhead: Open University Press.

Ajzen, I. (2006). *Constructing a TPB questionnaire: Conceptual and methodological considerations.* Zu finden unter: https://people.umass.edu/aizen/pdf/tpb.measurement.pdf

Ajzen, I., & Fishbein, M. (1980). *Understanding attitudes and predicting social behavior.* Englewood-Cliffs: Prentice-Hall.

Albarracín, D., Johnson, B. T., Fishbein, M., & Muellerleile, P. (2001). *Theories of reasoned action and planned behavior as models of condom use: A meta-analysis.* Zu finden unter: http://digitalcommons.uconn.edu/chip_docs/8

Albrecht, B. (2006b). Wissenschaft im Fernsehen: Happy Hour des Wissens – Zutaten zum Galileo-Cocktail. In H. Wormer (Hrsg.), *Die Wissensmacher. Profile und Arbeitsfelder von Wissenschaftsredaktionen in Deutschland* (S. 131–147). Wiesbaden: VS.

Albrecht, J. (2006a). Wissenschaft wöchentlich. Von Sonntagsforschern und anderen Lesern. In H. Wormer (Hrsg.), *Die Wissensmacher. Profile und Arbeitsfelder von Wissenschaftsredaktionen in Deutschland* (S. 45–61). Wiesbaden: VS.

Allgaier, J., Dunwoody, S., Brossard, D., Lo, Y.-Y., & Peters, H. P. (2013). Journalism and social media as means of observing the contexts of science. *BioScience, 63*(4), 284–287.

Alt, J. A. (2001). *Karl R. Popper.* Frankfurt: Campus.

Amend, E., & Secko, D. M. (2012). In the face of critique: A metasynthesis of the experiences of journalists covering health and science. *Science Communication, 34*, 241–282.

Anderson, A., Allan, S., Petersen, A., & Wilkinson, C. (2005). The framing of nanotechnologies in the British newspaper press. *Science Communication, 27*, 200–220.

Anderson, A., Brossard, D., & Scheufele, D. A. (2010). The changing information environment for nanotechnology: Online audiences and content. *Journal of Nanoparticle Research, 12*, 1083–1094.

Anhäuser, M., & Wormer, H. (2012). A question of quality: Criteria for the evaluation of science and medical reporting and testing their applicability. In M. Bucchi, & B. Trench (Hrsg.), *Quality, honesty and beauty in science and technology communication. PCST 2012 Book of Papers* (S. 335–337). Vicenca: Observa Science and Technology.

Appiah, B., & Casasbuenas, J. (2016). *How to report scientific findings.* Zu finden unter: http://www.scidev.net/global/communication/practical-guide/how-to-report-scientific-findings.html

Armitage, C. J., & Conner, M. (2001). Efficacy of the theory of planned behavior. A meta-analytic review. *British Journal of Social Psychology, 40*, 471–499.

Artz, K., & Wormer, H. (2011). What recipients ask for: An analysis of 'user question generated' science coverage. *Journalism, 12*, 871–888.

Ashe, T. (2013). *How the media report scientific risk and uncertainty: A review of the literature.* Oxford: Reuters Institute for the Study of Journalism.

Badenschier, F., & Wormer, H. (2012). Issue selection in science journalism: Towards a special theory of news values for science news? In S. Rödder, M. Franzen, & P. Weingart (Hrsg.), *The sciences' media connection. Public communication and its repercussions* (S. 59–86). Dodrecht: Springer.

Barke, R. (2009). Balancing uncertain risks and benefits in human subject research. *Science, Technology and Human Value, 34*, 337–364.

Bauer, M. W. (2009). The evolution of public understanding of science—discourse and comparative evidence. *Science, Technology & Society, 14*(2), 221–240.

Bauer, M. W., Allum, N., & Miller, S. (2007). What can we learn from 25 years of PUS survey research? Liberating and expanding the agenda. *Public Understanding of Science, 16*, 79–95.

Bauer, M. W., & Howard, S. (2009). *The sense of crisis among science journalists. A survey conducted on the occasion of WCSJ_09 in London.* London School of Economics and Political Sciences: Institute of Social Psychology.

Bauer, M. W., Howard, S., Romo Ramos, Y. J., Massarani, L., & Amorim, L. (2013). *Global science journalism report. Working conditions and practices, professional ethos and future expectations.* Zu finden unter: http://eprints.lse.ac.uk/48051/1/Bauer_Global_science_journalism_2013.pdf

Berg, L. (2005). Wissenschaft in der Tageszeitung. In K. von Aretin, & G. Wess (Hrsg.), *Wissenschaft erfolgreich kommunizieren* (S. 65–85). Weinheim: Wiley.

Besley, J. C. (2013). The state of public opinion research on attitudes and understanding of science. *Bulletin of Science, Technology & Society, 33*(1-2), 12–20.

Blöbaum, B. (2008). Wissenschaftsjournalisten in Deutschland. Profil, Tätigkeiten und Rollenverständnis. In H. Hettwer, M. Lehmkuhl, H. Wormer, & F. Zotta (Hrsg.), *Wissens-Welten. Wissenschaftsjournalismus in Theorie und Praxis* (S. 245–256). Gütersloh: Bertelsmann.

Blöbaum, B., Bonk, S., Karthaus, A., & Kutscha, A. (2011). Journalismus in veränderten Medienkontexten. Mehrmethodendesigns zur Erfassung von Wandel. In O. Jandura, T. Quandt, & J. Vogelgesang (Hrsg.), *Methoden der Journalismusforschung* (S. 123–139). Wiesbaden: VS.

Blum, F. (2010). *Dynamik in TV-Wissenschaftsmagazinen. Theorie und Praxis am Beispiel von Kopfball (ARD), Galileo (Pro7) und neues (3sat).* München: Meidenbauer.

Blumenthal, U. (2006). Wissenschaft im Hörfunk I. Wie die Wissenschaft ins Radio kommt. In H. Wormer (Hrsg.), *Die Wissensmacher. Profile und Arbeitsfelder von Wissenschaftsredaktionen in Deutschland* (S. 163–177). Wiesbaden: VS.

Bonfadelli, H. (2006). Wissenschaft und Medien: ein schwieriges Verhältnis? In B. Liebig, M. Dupius, I. Kriesi, & M. Peitz (Hrsg.), *Mikrokosmos Wissenschaft. Transformation und Perspektiven* (S. 187–204). Zürich: vdf Hochschulverlag.

Borah, P. (2011). Seeking more information and conversations: Influence on competitive frames and motivated processing. *Communication Research, 38*, 303–325.

Boykoff, M. T. (2007). Flogging a dead norm? Newspaper coverage of anthropogenic climate change in the United States and United Kingdom from 2003 to 2006. *Area, 39*(2), 1–12.

Boykoff, M. T., & Boykoff, J. (2004). Balance as bias: Global warming and the U.S. prestige press. *Global Environmental Change, 14*, 125–136.

Brechmann, J. M., Lee, C.-J., & Cappella, J. N. (2009). Lost in translation? A comparison of cancer-genetics reporting in the press release and its subsequent coverage in the press. *Science Communication, 30*(4), 453–474.

Brechmann, J. M., Lee, C.-J., & Cappella, J. N. (2011). Distorting genetic research about cancer: From bench science to press release to published news. *Journal of Communication, 61*(3), 496–513.

Bromme, R., Prenzel, M., & Jäger, M. (2014). Empirische Bildungsforschung und evidenzbasierte Bildungspolitik. Eine Analyse von Anforderungen an die Darstellung, Interpretation und Rezeption empirischer Befunde. *Zeitschrift für Erziehungswissenschaft, 27*, 3–54.

Brown, P. (2012). Nothing but the truth. Are the media as bad at communicating science as scientists fear? *European Molecular Biology Organization, 13*(11), 964–967.

Brumfield, G. (2009). Supplanting the old media? *Nature, 458*, 274–277.

Bucher, H.-J. (2004). Journalismus als kommunikatives Handeln. Grundlagen einer handlungstheoretischen Journalismustheorie. In M. Löffelholz (Hrsg.), *Theorien des Journalismus. Ein diskursives Handbuch* (S. 263–285). Wiesbaden: VS.

Burns, T. W., O'Connor, D. J., & Stocklmayer, S M. (2003). Science communication: A contemporary definition. *Public Understanding of Science, 12*, 183–202.

Burri, R. V. (2009). Coping with uncertainty. Assessing nanotechnology in a citizen panel in Switzerland. *Public Understanding of Science, 18*, 498–511.

Cacciatore, M., Anderson, A. A., Choi, D. H., Brossard, D., Scheufele, D. A., Liang, X., Ladwig, P., Xenos, M. A., & Dudo, A. (2012). Coverage of emerging technologies: A comparison between print and online media. *New Media & Society, 14*, 1039–1059.

Campbell, P. (2011). Understanding the receivers and the reception of science's uncertain messages. *Philosophical Transactions of the Royal Society A: Mathematical, Physical, & Engineering Sciences, 369*, 4891–4912.

Chew, F., Mandelbaum-Schmidt, J., & Kun Gao, S. (2006). Can health journalists bridge the state-of-the-science gap in mammography guidelines? *Science Communication, 27*(3), 331–351.

Clark, F., & Illman, D. L. (2006). A longitudinal study of the New York Times Science Times Section. *Science Communication, 27*, 496–513.

Clarke, C. (2008). A question of balance: The autism-vaccine controversy in the British and American elite press. *Science Communication, 30*, 77–107.

Collins, H. M. (1987). Certainty and the public understanding of science: Science on television. *Social Studies of Science, 17*, 689–713.

Conley, A. M., Pintrich, P. R., Vekiri, I., & Harrison, D. (2004). Changes in epistemological beliefs in elementary science students. *Contemporary Educational Psychology, 29*, 186–204.

Cooper B. E. J., Lee, W. E., Goldacre, B. M., & Sanders, T. A. B. (2012). The quality of the evidence for dietary advice given in UK national newspapers. *Public Understanding of Science, 21*, 664–673.

Corbett, J. B., & Durfee, J. L. (2004). Testing public (un)certainty of science: Media representations of global warming. *Science Communication, 26*, 129–151.

Corley, E. A., Kim, Y., & Scheufele, D. A. (2011). Leading US nano-scientists' perceptions about media coverage and the public communication of scientific research findings. *Journal of Nanoparticle Research, 13*, 7041–7055.

Dixon, G. N, & Clarke, C. (2012). Heightening uncertainty around certain science: Media coverage, false balance, and the Autism-Vaccine Controversy. *Science Communication, 35*, 358–382.

Dixon, G. N, & Clarke, C. (2013). The effects of falsely balanced reporting of the autism-vaccine controversy on vaccine safety perceptions and behavioral intentions. *Health Education Research, 28*(2), 352–359.

Donk, A., Metag, J., Kohring, M., & Marcinkowski, F. (2012). Framing emerging technologies: Risk perceptions of nanotechnology in the German press. *Science Communication, 3*, 5–29.

Dudo, A., Dunwoody, S., & Scheufele, D. A. (2011). The emergence of nano news: Tracking thematic trends and changes in U.S. newspaper coverage of nanotechnology. *Journalism & Mass Communication Quarterly, 88*, 55–75.

Dunwoody, S. (1997). What's a journalist to do? Challenges and approaches to reporting scientific assessment, In S. J. Hassol, & J. Katzenberger (Hrsg.), *Characterizing and communicating scientific uncertainty* (S. 46–49). Aspen: Aspen Global Climate Change Institute.

Dunwoody, S. (1999). Scientists, journalists, and the meaning of uncertainty. In S. M. Friedman, S. Dunwoody, & C. L. Rogers (Hrsg.), *Communicating uncertainty: Media coverage of new and controversial science* (S. 59–79). Mahwah: Erlbaum.

Dunwoody, S. (2008). Science journalism. In M. Bucchi, & B. Trench (Hrsg.), *Handbook on public communication of science and technology* (S. 15–26). Oxon: Routledge.

Durant, J., Bauer, M. W., Gaskell, G., Midden, C. J. H., Liakopoulos, M., & Scholten, L. M. (2000). Two cultures of public understanding of science and technology in Europe. In M. Dierkes, & C. von Grote (Hrsg.), *Between understanding and trust: the public, science and technology* (S. 131-156). London: Routledge.

Ebeling, M. F. (2008). Mediating uncertainty: Communicating the financial risks of nanotechnologies. *Science Communication, 29*, 335–361.

Elmer, C., Badenschier, F., & Wormer, H. (2008). Science for everybody? How the coverage of research issues in German newspapers has increased dramatically. *Journalism & Mass Communication Quarterly, 8*, 878–893.

Engelmann, I. (2012). *Alltagsrationalität im Journalismus. Akteurs- und organisationsbezogene Einflussfaktoren der Nachrichtenauswahl.* Konstanz: UVK.

Entman, R. M. (1993). Framing: Toward clarification of a fractured paradigm. *Journal of Communication, 43*, 51–58.

European Commission (2007). *Scientific research in the media. Special Eurobarometer 282, Wave 67.2 TNS Opinion & Social.* Zu finden unter: http://ec.europa.eu/public_opinion/archives/ebs/ebs_282_en.pdf

Fahy, D., & Nisbet, M. C. (2011). The science journalist online: Shifting roles and emerging practices. *Journalism, 12*(7), 778–793.

Fengler, S., & Ruß-Mohl, S. (2005). *Der Journalist als „Homo oeconomicus".* Konstanz: UVK.

Fengler, S., & Ruß-Mohl, S. (2007). Ökonomik als neue Perspektive für die Kommunikationswissenschaft. In K.-D. Altmeppen, T. Hanitzsch, & C. Schlüter (Hrsg.), *Journalismustheorie: Next Generation. Soziologische Grundlegung und theoretische Innnovation* (S. 97–118). Wiesbaden: VS.

Fischoff, B. (2013). The sciences of science communication. *PNAS, 110*(3), 14033–14039.

Fishbein, M., & Ajzen, I. (2010). *Predicting and changing behavior: The reasoned action approach.* New York: Psychology Press.

Fleck, L. (1979). *Genesis and development of a scientific fact.* Chicago: University of Chicago Press.

Friedman, S. M., Dunwoody, S., & Rogers, C. L. (1999). *Communicating uncertainty. Media coverage of new and controversial science.* Mahwah: Lawrence Erlbaum.

Friedman, S. M., & Egolf, B. P. (2011). A longitudinal study of newspaper and wire service coverage of nanotechnology risks. *Risk Analysis, 31*, 1701–1717.

Galtung, J., & Ruge, M. H. (1965). The structure of foreign news. The presentation of the Congo, Cuba and Cyprus Crises in four Norwegian newspapers. *Journal of Peace Research, 2*, 64–91.

Gamson, W. A., & Modigliani, A. (1989). Media discourse and public opinion on nuclear power: A constructionist approach. *American Journal of Sociology, 95*, 1–37.

Gascoigne, T. (2016). How much science does a citizen need to know? Vortrag auf der 14. Public Communication on Science and Technology (PCST) Konferenz in Istanbul (Türkei), April.

Geller, G., Bernhardt, B. A., Gardner, M., Rodgers, J., & Holtzmann, N. A. (2005). Scientists' and science writers' experiences reporting genetic discoveries: Toward an ethic of trust in science journalism. *Genetics in Medicine, 7*(3), 198–205.

Gill, M. G., Ashton, P. T., & Algina, J. (2004). Changing pre-service teachers' epistemological beliefs about teaching and learning in mathematics: An intervention study. *Contemporary Educational Psychology, 29*, 164–185.

Godfrey-Smith, P. (2003). *Theory and reality. An introduction to the philosophy of science.* Chicago: University of Chicago Press.

Gollwitzer, M., & Schmitt, M. (2009). *Sozialpsychologie.* Weinheim: Beltz.

Göpfert, W. (2006a). Wissenschaftsjournalismus heute. In C. Götz-Sobel (Hrsg.), *Wissenschaftsjournalismus heute. Ein Blick auf 20 Jahre WPK* (S. 29–36). Düsseldorf: VDI.

Göpfert, W. (2006b). The strength of PR and the weakness of science journalism. In M. Bauer, & M. Bucchi (Hrsg.), *Journalism, science and society* (S. 215–266). London: Routlege.

Göpfert, W., & Ruß-Mohl, S. (2006). Was ist überhaupt Wissenschaftsjournalismus. In W. Göpfert (Hrsg.), *Wissenschaftsjournalismus. Ein Handbuch für Ausbildung und Praxis* (S. 11–13). Berlin: Ullstein.

GRADE Working Group (2004). Grading quality of evidence and strength of recommendations. *British Medical Journal, 328*, 1490–1494.

Grobolsjek, B., & Mali, F. (2012). Daily newspapers' view on nanotechnology in Slovenia. *Science Communication, 34*, 30–56.

Guenther, L., Bader, C., Kessler, S. H., & Ruhrmann, G. (2015b). Journalistische Wahrnehmung und Darstellung von (Un)Sicherheiten, Risiken und Chancen von Zukunftstechnologien. In H. Bonfadelli, S. Kristiansen, & M. S. Schäfer (Hrsg.), *Wissenschaftskommunikation im Wandel* (S. 205–231). Köln: Herbert von Halem Verlag.

Guenther, L., Bischoff, J., Löwe, A., Marzinkowski, H., Voigt, M., & Kötter, M. (2016). Evidenz und (falsche) Ausgewogenheit im Wissenschaftsjournalismus: Eine Analyse der Wissenschaftsberichterstattung deutscher Printmedien on- und offline. Zur Publikation eingereichtes Manuskript.

Guenther, L., Froehlich, K., Milde, J., Heidecke, G., & Ruhrmann, G. (2015a). Effects of valenced media frames of cancer diagnoses and therapies: Quantifying the transformation and establishing of evaluative schemas. *Health Communication, 30*(11), 1055–1064.

Guenther, L., Froehlich, K., & Ruhrmann, G. (2015). (Un)Certainty in the news: Journalists' decisions on communicating the scientific evidence of nanotechnology. *Journalism and Mass Communication Quarterly, 92*(1), 199–220.

Guenther, L., & Kessler, S. H. (2016). Epistemological dimensions on screen: The role of television in changing conceptions about the nature of knowledge and knowing. Zur Publikation eingereichtes Manuskript.

Guenther, L., Milde, J., & Ruhrmann, G. (2014). Journalists' perceptions and reporting on scientific uncertainty and risks of nanotechnology: Results from interviews and a content analysis. Vortrag auf der 64. Konferenz der International Communication Association (ICA) in Seattle (USA), Mai.

Guenther, L., & Ruhrmann, G. (2013). Science journalists' selection criteria and depiction of nanotechnology in German media. *Journal of Science Communication, 12*(3), 1–17.

Guenther, L., & Ruhrmann, G. (2016). Scientific evidence and mass media: Investigating the journalistic intention to represent scientific uncertainty. *Public Understanding of Science* (online before print).

Guenther, L., Ruhrmann, G., & Milde, J. (2011). *Pandemie: Wahrnehmung der gesundheitlichen Risiken durch die Bevölkerung und Konsequenzen für die Risiko- und Krisenkommunikation.* Berlin: Forschungsforum Öffentliche Sicherheit, Schriftenreihe Sicherheit, Nr. 7.

Guenther, L., & Weingart, P. (2016). A unique fingerprint? Factors influencing attitudes towards science and technology in South Africa. *South African Journal of Science* (accepted).

Haßler, J., Maurer, M., & Oschatz, C. (2016). Die Darstellung der Ungewissheit klimawissenschaftlicher Erkenntnisse durch Wissenschaft, Massenmedien und Politik. In. G. Ruhrmann, S. H. Kessler, & L. Guenther (Hrsg.), *Wissenschaftskommunikation zwischen Risiko und (Un)Sicherheit* (S. 122–142). Köln: Herbert von Halem.

Heidmann, I., & Milde, J. (2013). Communication about scientific uncertainty: How scientists and science journalists deal with uncertainties in nanoparticle research. *Environmental Science Europe, 25*, 1–11.

Herkner, H., & Müllner, M. (2011). *Erfolgreich wissenschaftlich arbeiten in der Klinik. Grundlagen, Interpretation und Umsetzung: Evidence Based Medicine.* Wien, New York: Springer.

Hijmans, E., Pleijter, A., & Wester, F. (2003). Covering scientific research in Dutch newspapers. *Science Communication, 25*, 153–176.

Hinnant, A., & Len-Ríos, M. (2009). Tacit understandings of health literacy. Interview and survey research with health journalists. *Science Communication, 31*(1), 84–115.

Ho, S. S., Scheufele, D. A., & Corley, E. A. (2010). Making sense of policy choices: Understanding the roles of value predispositions, mass media, and cognitive processing in public attitudes toward nanotechnology. *Journal of Nanoparticle Research, 12*, 2703–2715.

Ho, S. S., Scheufele, D. A., & Corley, E. A. (2011). Value predispositions, mass media, and attitudes toward nanotechnology: The interplay of public and experts. *Science Communication, 33*, 167–200.

Hodgetts, D., Chamberlain, K., Scammell, M., Karapu, R., Waimarie Nikora, L. (2008). Constructing health news: Possibilities for a civic-orientated journalism. *Health, 12*, 43–66.

Hofer, B. K. (2001). Personal epistemology research: Implications for learning and transfer. *Educational Psychology Review, 13*, 353–383.

Hofer, B. K. (2004a). Exploring the dimensions of personal epistemology in differing classroom contexts: Students interpretations during the first year of college. *Contemporary Educational Psychology, 29*, 129–163.

Hofer, B. K. (2004b). Epistemological understanding as a metacognitive process: Thinking aloud during online searching. *Educational Psychologist, 39*, 43–55.

Hofer, B. K., & Pintrich, P. R. (1997). The development of epistemological theories: Beliefs about knowledge and knowing and their relation to learning. *Review of Educational Research, 67*, 88–140.

Hofer, B. K., & Pintrich, P. R. (2002). *Personal epistemology: The psychology of beliefs about knowledge and knowing.* Mahwah: Erlbaum.

Hömberg, W. (1992). Statt Sündenbock-Suche die strukturellen Barrieren abbauen. Probleme der journalistischen Wissensvermittlung. Hierzulande häufig nur ein Restseiten-Journalismus. In R. Gerwin (Hrsg.), *Die Medien zwischen Wissenschaft und Öffentlichkeit* (S. 57–65). Stuttgart: Hirzel.

Hornmoen, H. (2009). „What researchers now can tell us": Representing scientific uncertainty in journalism. *Observatorio, 11*, 74–100.

Jenicek, M. (2001). *Clinical case reporting in evidence-based medicine.* London: Arnold.

Jensen, J. D. (2008). Scientific uncertainty in the news coverage of cancer research: Effects of hedging on scientists' and journalists' credibility. *Human Communication Research, 34*, 347–369.

Jensen, J. D., & Hurley, R. J. (2012). Conflicting stories about public scientific controversies, effects of news convergence and divergence on scientists' credibility. *Public Understanding of Science, 22*, 1–20.

Johnson, B. B., & Slovic, P. (1995). Presenting uncertainty in health risk assessment: Initial studies of its effects on risk perception and trust. *Risk Analysis, 15*(4), 485–494.

Kahneman, D., & Tversky, A. (1982). Variations of uncertainty. In D. Kahneman, P. Slovic, & A. Tversky (Hrsg.), *Judgment under uncertainty: Heuristics and biases* (S. 509–520). Boston: Cambridge University Press.

Kepplinger, H. M. (2009). Über den Umgang der Medien mit Ungewissheit. In C. Holtz-Bacha, G. Reus, & L. B. Becker (Hrsg.), *Wissenschaft mit Wirkung. Beiträge zu Journalismus und Medienwirkungsforschung. Festschrift für Klaus Schönbach* (S. 241–256). Wiesbaden: VS.

Kessler, S. H., & Guenther, L. (2013). Depicted epistemological dimensions in science coverage: How science television programs represent knowledge of molecular medicine. *Journal of International Scientific Publications, Media and Mass Communication, 2*, 272–290.

Kessler, S. H., Guenther, L., & Ruhrmann, G. (2014). Die Darstellung epistemologischer Dimensionen von evidenzbasiertem Wissen in TV-Wissenschaftsmagazinen. Ein Lehrstück für die Bildungsforschung. *Zeitschrift für Erziehungswissenschaft, 17*(4), 119–139.

Kessler, S. H., Reifegerste, D., & Guenther, L. (2016). Die Evidenzkraft von Bildern in der Wissenschaftskommunikation. In: G. Ruhrmann, S. H. Kessler, & L. Guenther (Hrsg.), *Wissenschaftskommunikation zwischen Risiko und (Un)Sicherheit* (S. 171–192). Köln: Herbert von Halem.

Kienhues, D., Bromme, R., & Stahl, E. (2008). Changing epistemological beliefs: The unexpected impact of a short-term intervention. *British Journal of Educational Psychology, 78*, 545–565.

Kienhues, D., Stadtler, M., & Bromme, R. (2011). Dealing with conflicting or consistent medical information on the Web: When expert information breeds laypersons' doubts about experts. *Learning and Instruction, 21*, 193–204.

Klimmt, C., Sowka, A., Sjöström, A., Ditrich, L., Gollwitzer, M., & Rothmund, T. (2016). Wie Journalisten mit sozialwissenschaftlicher Evidenz umgehen: Erkenntnisse aus einem Workshop. In G. Ruhrmann, S. H. Kessler, & L. Guenther (Hrsg.), *Wissenschafts-kommunikation zwischen Risiko und (Un)Sicherheit* (S. 75–91). Köln: Herbert von Halem.

Koch, K. (2012). Individualisierte Medizin: Wie können Journalisten ein realistisches Bild vermitteln? *Zeitschrift für Evidenz, Fortbildung und Qualität im Gesundheitswesen, 106*, 23–28.

Koh, E. J., Dunwoody, S., Brossard, D., & Allgaier, J. (2016). Mapping neuroscientists' perceptions of the nature and effects of public visibility. *Science Communication, 38*(2), 170–196.

Kohring, M. (2004). Die Wissenschaft des Wissenschaftsjournalismus. Eine Forschungskritik und ein Alternativvorschlag. In C. Müller (Hrsg.), *SciencePop. Wissenschaftsjournalismus zwischen PR und Forschungskritik* (S. 161–183). Graz: Nausner&Nausner.

Kohring, M. (2005). *Wissenschaftsjournalismus. Forschungsüberblick und Theorieentwurf.* Konstanz: UVK.

Kohring, M., & Matthes, J. (2002). The face(t)s of biotech in the nineties: How the German press framed modern biotechnology. *Public Understanding of Science, 11*, 143–154.

Kohring, M., & Matthes, J. (2007). Trust in news media. Development and validation of a multidimensional scale. *Communication Research, 34*(2), 231–252.

Kunz, M. (2006). Wissenschaft im Magazin. Über den Nutzen des Neuen. In H. Wormer (Hrsg.), *Die Wissensmacher. Profile und Arbeitsfelder von Wissenschaftsredaktionen in Deutschland* (S. 81–97). Wiesbaden: VS.

Kurath, M., & Gisler, P. (2009). Informing, involving or engaging? Science communication in the ages of atom-, bio- and nanotechnology. *Public Understanding of Science, 18*, 559–573.

Kuriya, B., Schneid, E. C., & Bell, C. M. (2008). Quality of pharmaceutical industry press releases based on original research. *Public Library of Science One, 3*(7), e2828.

Lehmkuhl, M., Karamanidou, C., Mörä, T., Petkova, K., Trench, B., & AVSA-Team (2012). Scheduling science on television: A comparative analysis of the representations of science in 11 European countries. *Public Understanding of Science, 21*, 1002–1018.

Lehmkuhl, M., & Peters, H. P. (2016a). „Gesichert ist gar nichts!" Zum Umgang des Journalismus mit Ambivalenz, Fragilität und Kontroversität neurowissenschaftlicher truth claims. In. G. Ruhrmann, S. H. Kessler, & L. Guenther (Hrsg.), *Wissenschaftskommunikation zwischen Risiko und (Un)Sicherheit* (S. 46–74). Köln: Herbert von Halem.

Lehmkuhl, M., & Peters, H. P. (2016b). Constructing (un)certainty: An exploration of journalistic decision-making in the reporting of neuroscience. *Public Understanding of Science* (online before print).

Louca, L., Elby, A., Hammer, D., & Kagey, T. (2004). Epistemological resources: Applying a new epistemological framework to science instruction. *Educational Psychologist, 39*, 57–68.

Lublinski, J. (2011). Structuring the science beat. Options for quality journalism in changing newsrooms. *Journalism Practice, 5*, 301–318.

Maeseele, P. A. (2007). Science and technology in a mediatized and democratized society. *Journal of Science Communication, 6*, 1–10.

Maier, M., Milde, J., Post, S., Guenther, L., Ruhrmann, G., & Barkela, B. (2016). Communicating scientific evidence: Scientists', journalists' and audience expectations and evaluations regarding the representation of scientific uncertainty. *Communications: The European Journal of Communication Research* (accepted).

Maier, M., Rothmund, T., Retzbach, A., Otto, L., & Besley, J. C. (2014). Informal learning through science media usage. *Educational Psychologist, 49*(2), 86–103.

Maier, M, Stengel, K., & Marschall, J. (2010). *Nachrichtenwerttheorie.* Baden-Baden: Nomos.

Marcinkowski, F., Kohring, M., Friedemann, A., & Donk, A. (2010). *Risk perception of nanotechnology – Analysis of media coverage.* Berlin: BfR.

Matthes, J. (2014). *Framing.* Baden-Baden: Nomos.

Matthes, J., & Kohring, M. (2008). The content analysis of media frames: Toward improving reliability and validity. *Journal of Communication, 58,* 258–279.

Mathison, S. (2014). Seeing is believing: Using images as evidence in evaluation. In S. Donaldson, C. Christie, & M. Mark (Hrsg.), *Credible and actionable evidence: Foundations for rigorous and influential evaluations.* Los Angeles: Sage.

Maurer, M. (2011). Wie Journalisten mit Ungewissheit umgehen. Eine Untersuchung am Beispiel der Berichterstattung über die Folgen des Klimawandels. *Medien- und Kommunikationswissenschaft, 59,* 60–74.

McCabe, D. P., & Castel, A. D. (2008). Seeing is believing: The effect of brain images on judgments of scientific reasoning. *Cognition, 107*(1), 343–352.

Meier, K., & Feldmaier, F. (2005). Wissenschaftsjournalismus und Wissenschafts-PR im Wandel. Eine Studie zu Berufsfeldern, Marktentwicklung und Ausbildung. *Publizistik, 50,* 201–224.

Mellor, F. (2010). Negotiating uncertainty: asteroids, risk and the media. *Public Understanding of Science, 19*(1), 16–33.

Mellor, F. (2015). Non-news values in science journalism. In B. Rappert, & B. Balmer (Hrsg.), *Absence in science, security and policy: From research agendas to global strategy* (S. 93–113). Basingstoke, England: Palgrave Macmillan.

Merkel, C., & Wormer, H. (2014). Wie regional muss regional sein? Eine Rezipientenbefragung zum Faktor „Nähe" in der Wissenschaftsberichterstatung einer Regionalzeitung. *Publizistik, 59,* 5–25.

Metag, J., & Marcinkowki, F. (2014). Technophobia towards emerging technologies? A comparative analysis of the media coverage of nanotechnology in Austria, Switzerland and Germany. *Journalism: Theory, Practice & Criticism, 15,* 463–481.

Meyen, M., & Riesmeyer, C. (2009). *Diktatur des Publikums. Journalisten in Deutschland.* Konstanz: UVK.

Milde, J. (2009). *Vermitteln und verstehen. Zur Verständlichkeit von Wissenschaftsfilmen im Fernsehen.* Wiesbaden: VS.

Milde, J., & Barkela, B. (2016). Wie Rezipienten mit wissenschaftlicher Ungesichertheit umgehen: Erwartungen und Bewertungen bei der Rezeption von Nanotechnologie im Fernsehen. In. G. Ruhrmann, S. H. Kessler, & L. Guenther (Hrsg.), *Wissenschaftskommunikation zwischen Risiko und (Un)Sicherheit* (S. 193–211). Köln: Herbert von Halem.

Milde, J., & Hölig, S. (2011). „Das Bild ist stärker als das Wort"– Selektions- und Darstellungskriterien von TV-Wissenschaftsjournalisten beim Thema „Molekulare Medizin". In G. Ruhrmann, J. Milde, & A. F. Zillich (Hrsg.), *Molekulare Medizin und Medien. Zur Darstellung und Wirkung eines kontroversen Wissenschaftsthemas* (S. 70–97). Wiesbaden: VS.

Milde, J., & Ruhrmann, G. (2006). Molekulare Medizin in deutschen TV-Wissenschaftsmagazinen. Ergebnisse von Journalisteninterviews und Inhaltsanalysen. *Medien & Kommunikationswissenschaft, 54,* 430–456.

Miles, S., & Frewer, L. J. (2003). Public perception of scientific uncertainty in relation to food hazards. *Journal of Risk Research, 6*(3), 267–283.

Miller, J. D. (1983). Scientific literacy: A conceptual and empirical review. *Daedalus, 112*(2), 29–48.

Miller, S. (2004). Public understanding of, and attitudes toward, scientific research: What we know and what we need to know. *Public Understanding of Science, 13*(3), 273–294.

Nelkin, D. (1995). *Selling science: How the press covers science and technology.* New York: W. H. Freeman.

Nisbet, M. C., & Scheufele, D. A. (2009). What's next for science communication? Promising directions and lingering distractions. *American Journal of Botany, 96*(10), 1767–1778.

Olausson, U. (2009). Global warming – global responsibility? Media frames of collective action and scientific certainty. *Public Understanding of Science, 18*, 421–436.

Peters, H. P. (2012). Science journalism as a governance mechanism in medialized societies: A conceptual model of society-level effects of PCST. In M. Bucchi, & B. Trench (Hrsg.), *Quality, honesty and beauty in science and technology communication. PCST 2012 Book of Papers* (S. 158–162). Vicenca: Observa Science and Technology.

Peters, H. P., Allgaier, J., Dunwoody, S., Lo, Y.-Y., Brossard, D., & Jung, A. (2013). Medialisierung der Neirowissenschaften. Bedeutung journalistischer Medien für die Wissenschafts-Governance. In E. Grande, D. Jansen, O. Jarren, A. Rip, U. Schimank, & P. Weingart (Hrsg.), *Neue Governance der Wissenschaft. Reorganisation – externe Anforderungen – Medialisierung* (S. 311–335). Bielefeld: Transcript.

Peters, H. P., Brossard, D., de Cheveigné, S., Dunwoody, S., Kallfass, M., Miller, S., & Tsuchida, S. (2008). Science-Media interface: It's time to reconsider. *Science Communication, 30*(2), 266–276.

Petersen, A., Anderson, A., Allan, S., & Wilkinson, C. (2009). Opening the black box: Scientists' views on the role of news media in the nanotechnology debate. *Public Understanding of Science, 18*, 512–530.

Popper, K. (1960). *The logic of scientific discovery.* London: Hutchinson & Co.

Post, S., & Maier, M. (2016). Stakeholders' rationales for representing uncertainties of biotechnological research. *Public Understanding of Science* (online before print).

Powell, M., Dunwoody, S., Griffin, R., & Neuwirth, K. (2007). Exploring lay uncertainty about an environmental health risk. *Public Understanding of Science, 16*(3), 323–343.

Presserat (2015). *Publizistische Grundsätze (Pressekodex). Richtlinien für die publizistische Arbeit nach den Empfehlungen des Deutschen Presserats.* Zu finden unter: http://www.presserat.de/fileadmin/user_upload/Downloads_Dateien/Pressekodex_BO_2016_web.pdf

Priest, S. (2009). Curiouser and curiouser. *Science Communication, 31*(1), 3–5.

Rabinovich, A., & Morton, T. A. (2012). Unquestioned answers or unanswered questions: Beliefs about science guide responses to uncertainty in climate change risk communication. *Risk Analysis, 32*(6), 992–1002.

Racine, E., Waldman, S., Rosenberg, J., & Illes, J. (2010). Contemporary neuroscience in the media. *Social Science & Medicine, 71*, 725–733.

Renn, O. (2010). Risk communication: Insights and requirements for designing successful programs on health and environmental hazards. In R. L. Heath, & H. D. O'Hair (Hrsg.), *Handbook of risk and crisis communication* (S. 80–98). New York: Routledge.

Renn, O., Schweizer, P. J., Dreyer, M., & Klinke, A. (2007). Risiko: Über den gesellschaftlichen Umgang mit Unsicherheit. München: oekom Verlag.

Rensberger, B. (2009). Science journalism: Too close to comfort. *Nature, 459*, 1055–1056.

Retzbach, A., & Maier, M. (2015). Communicating scientific uncertainty: Media effects on public engagement with science. *Communication Research, 42*(3), 429–456.

Retzbach, A., Marschall, J., Rahnke, M., Otto, L., & Maier, M. (2011). Public understanding of science and the perception of nanotechnology: The roles of interest in science, methodological knowledge, epistemological beliefs, and beliefs about science. *Journal of Nanoparticle Research, 13*, 6231–6244.

Retzbach, J., Otto, L., & Maier, M. (2015). Measuring the perceived uncertainty of scientific evidence and its relationship to engagement with science. *Public Understanding of Science* (online before print).

Retzbach, J., Retzbach, A., Maier, M., Otto, L., & Rahnke, M. (2013). Effects of repeated exposure to science TV shows on beliefs aubout scientific evidence and interest in science. *Journal of Media Psychology, 25*(1), 3–13.

Rödder, S. (2016). Organisationstheoretische Perspektiven auf die Wissenschaftskommunikation. In H. Bonfadelli, B. Fähnrich, C. Lüthje, J. Milde, M. Rhomberg, & M. S. Schäfer (Hrsg.), *Forschungsfeld Wissenschaftskommunikation*. Wiesbaden: VS (im Druck).

Rödder, S., & Schäfer, M. S. (2010). Repercussion and resistance: An empirical study on the interrelation between science and mass media. *Communications – The European Journal of Communication, 35*(3), 249–267.

Rogers-Hayden, T., & Pidgeon, N. (2007). Moving engagement „upstream"? Nanotechnologies and the Royal Society and Royal Academy of Engineering's inquiry. *Public Understanding of Science, 16*, 345–364.

Rosen, C., Guenther, L., & Froehlich, K. (2016). The question of newsworthiness: A cross-comparison among science journalists' selection criteria in Argentina, France, and Germany. *Science Communication, 38*(3), 328–355.

Rossmann, C. (2011). *Thoery of reasoned action – theory of planned behavior*. Baden-Baden: Nomos.

Rowan, K. E. (1999). Effective explanation of uncertain and complex science. In S. M. Friedman, S. Dunwoody, & C. L. Rogers (Hrsg.), *Communicating uncertainty: Media coverage of new and controversial science* (S. 201–223). London: Erlbaum.

Ruhrmann, G. (1997). Wissenschaft, Medien und öffentliche Meinung. In H. Hoebrink (Hrsg.), *Perspektiven für die Universität 2000: Reformbestrebung der Hochschulen um mehr Effizienz* (S. 145–157). Neuwied: Luchterhand.

Ruhrmann, G., & Guenther, L. (2014a). Medienberichterstattung über Gesundheitsrisiken. In K. Hurrelmann, & E. Baumann (Hrsg.), *Handbuch Gesundheitskommunikation* (S. 184–194). Bern: Huber.

Ruhrmann, G., & Guenther, L. (2014b). Risk communication. In P. Moy (Hrsg.), *Oxford Bibilographies in Communication*. New York: Oxford University Press.

Ruhrmann, G., & Guenther, L. (2016). Medizin- und Gesundheitsjournalismus. In C. Rossmann, & M. R. Hastall (Hrsg.), *Handbuch Gesundheitskommunikation*. Heidelberg: Springer (im Druck).

Ruhrmann, G., Guenther, L., Kessler, S. H., & Milde, J. (2015). Frames of scientific evidence: How journalists represent the (un)certainty of molecular medicine in science television programs. *Public Understanding of Science, 24*(6), 681-696.

Ruhrmann, G., Kessler, S. H., & Guenther, L. (2016). *Wissenschaftskommunikation zwischen Risiko und (Un)Sicherheit*. Köln: Herbert von Halem.

Ruß-Mohl, S. (2013). Opfer der Medienkonvergenz? Wissenschaftskommunikation und Wissenschaftsjournalismus im Internet-Zeitalter. In S. Füssel (Hrsg.), *Medienkonvergenz – transdisziplinär* (S. 81–108). Berlin: de Gruyter.

Schäfer, M. S. (2012). Taking stock: A meta-analysis of studies on the media's coverage of science. *Public Understanding of Science, 21*, 650–663.

Scheufele, B. T., & Scheufele, D. A. (2010). Of spreading activation, applicability, and schemas: Conceptual distinctions and their operational implications for measuring frames and framing effects. In P. D'Angelo, & J. Kuypers (Eds.), *Doing news framing analysis. Empirical and theoretical perspectives* (S. 110–134). New York: Routledge.

Scheufele, D. A. (2013). Communicating science in social settings. *PNAS, 110*(3), 14040–14047.

Schneider, J. (2010). Making space for the „nuances of truth": Communication and uncertainty at an environmental journalists' workshop. *Science Communication, 32*, 171–201.

Schulz, W. (1976). *Die Konstruktion von Realität in den Nachrichtenmedien.* Freiburg/München: Alber.

Schwartz, L. M., Woloshin, S., Andrews, A., & Stukel, T. A. (2012). Influence of medical journal press releases on the quality of associated newspaper coverage: Retrospective cohort study. *British Medical Journal, 344*, d8164.

Shoemaker, P.J. (1991). *Gatekeeping. Communication Concepts 3.* London: Sage.

Shoemaker, P. J., & Vos, T. P. (2009). *Gatekeeping theory.* New York: Routledge.

Simmerling, A., & Janich, N. (2015). Rhetorical functions of a 'language of uncertainty' in the mass media. *Public Understanding of Science* (online before print)

Staab, J. F. (1990). The role of news factors in news selection: A theoretical reconsideration. *European Journal of Communication, 5*, 423–443.

Staub, F. C., & Stern, E. (2002). The nature of teachers' pedagogical content beliefs matters for students' achievement gains: Quasi-experimental evidence from elementary mathematics. *Journal of Educational Psychology, 94*, 344–355.

Stocking, S. H. (1997). How journalists deal with scientific uncertainty, In Characterizing and communicating scientific uncertainty. In S. J. Hassol, & J. Katzenberger (Hrsg.), *Characterizing and communicating scientific uncertainty* (S. 109–112). Aspen: Aspen Global Climate Change Institute.

Stocking, S. H. (1999). How journalists deal with scientific uncertainty. In S. M. Friedman, S. Dunwoody, & C. L. Rogers (Eds.), *Communicating uncertainty: Media coverage of new and controversial science* (S. 59–79). London: Erlbaum.

Stocking, S. H. (2010). Uncertainty in science communication. In S. Priest (Hrsg.), *Encyclopaedia of science and technology communication* (S. 919–921). Los Angeles: Sage.

Stocking, S. H., & Holstein, L. W. (1993). Constructing and reconstructing scientific ignorance: Ignorance claims in science and journalism. *Science Communication, 15*, 186–210.

Stocking, S. H., & Holstein, L. W. (2009). Manufacturing doubt: Journalists' roles and the construction of ignorance in a scientific controversy. *Public Understanding of Science, 18*, 23–42.

Stryker, J. (2002). Reporting medical information: Effects of press releases and newsworthiness on medical journal articles' visibility in the news media. *Preventive Medicine, 35*(5), 519–530.

Sumner, P., Vivian-Griffiths, S., Boivin, J., Williams, A., Venetis, C. A., Davies, A., Ogden, J., Whelan, L., Hughes, B., Dalton, B., Boy, F., & Chambers, C. D. (2014). The association between exaggeration in health related science news and academic press releases: Retroperspective observational study. *British Medical Journal, 349*, g7015.

Swain, K. A. (2007). Outrage factors and explanations in the news coverage of the Anthrax Attacks. *Journalism & Mass Communication Quarterly, 84*, 335–353.

Swierstra, T.,Vermeulen, N., Braeckman, J., & Van Driel, R. (2013). Rethinking the life sciences. *EMBO Reports, 14*, 310–314.

Van Tright, A. M., de Jong-Van den Berg, L. T. W.,Voogt, L. M., Willems, J., Tromp, T. F. J., & Haaijer-Ruskamp, F. M. (1995). Setting the agenda: Does the medical literature set the agenda for articles about medicines in the newspapers? *Social Science Medicine, 41*(6), 893–899.

Vasic, N., Connemann, R. C., & Wolf, R. C. (2008). Evidenzbasierte Medizin in der klinischen Praxis. *Nervenheilkunde, 27*, 565–576.

Wegner, C., Weber, P., & Fischer, O. S. (2012). Epistemologische Überzeugungen. Eine Untersuchung zur Beeinflussbarkeit der Auffassung über die Natur des Wissens. *news&science. Begabtenförderung und Begabungsforschung, 30*, 49–56.

Weingart, P. (2005). *Die Wissenschaft der Öffentlichkeit. Essays zum Verhältnis von Wissenschaft, Medien und Öffentlichkeit.* Weilerswirst: Velbrück.

Weingart P. (2012). The lure of the mass media and its repercussions on science. Theoretical considerations on the „Medialization of Science". In S. Rödder, M. Franzen, & P. Weingart (Hrsg.), *The sciences' media connection. Public communication and its repercussions* (S. 17–32). Dordrecht: Springer.

Weischenberg, S. (1994). Journalismus als soziales System. In K. Merten, S. J. Schmidt, & S. Weischenberg (Hrsg.), *Die Wirklichkeit der Medien. Eine Einführung in die Kommunikationswissenschaft* (S. 427–454). Opladen: Westdeutscher Verlag.

Weitkamp, E. (2010). Writing science. In M. L. Brake, & E. Weitkamp (Eds.), *Introducing science communication. A practical guide* (S. 79–104). London: Palgrave.

Wiedemann, P., Löchtefeld, S., Claus, F., Markstahler, S., & Peters, I. (2009). *Laiengerechte Kommunikation wissenschaftlicher Unsicherheiten im Bereich EMF.* Zu finden unter: http://www.emf-forschungsprogramm.de/akt_emf_forschung.html/risiko_HF_002_AB.pdf

Wiedemann, P. M, Schütz, H., &, Thalmann, A. (2008). Perception of uncertainty and communication about unclear risks. In P. Wiedemann, & H. Schütz (Hrsg.), *The role of evidence in risk characterization: Making sense of conflicting data* (S. 163–183). Weinheim: Wiley.

Wilkinson, C., Allan, S., Anderson, A., & Petersen, A. (2007). From uncertainty to risk? Scientific and news media portrayals of nanoparticle safety. *Health, Risk and Society, 9*, 145–157.

Williams, A., & Clifford, S. (2009). *Mapping the field: Specialist science news journalism in the UK national media.* Zu finden unter: http://www.cardiff.ac.uk/jomec/resources/Mapping_Science_Journalism_Final_Report_2003-11-09.pdf

Williams, A., & Gajevic, S. (2013). Selling science? Source struggles, public relations, and UK press coverage of animal-human hybrid embryos. *Journalism Studies, 14*(4), 507–522.

Woloshin, S., & Schwartz, L. M. (2002). Press releases. Translating research into news. *American Medical Association, 287*(21), 2856–2858.

Woloshin, S., Schwartz, L. M., Casella, S. L., Kennedy, A. T., & Larson, R. J. (2009). Press releases by academic medical centers: Not so academic? *Annals of Internal Medicine, 150*(9), 613–618.

Wormer, H. (2008). Science journalism. In W. Donsbach (Hrsg.), *The international encyclopedia of communication* (S. 4512–4514). Oxford: Wiley-Blackwell.

Wormer, H. (2010). Warum ist der Himmel blau? Wie die Massenmedien Wissenschaftsthemen aufbereiten und verbreiten. In U. Dausendschön-Gay, C. Domke, & S. Ohlhus

(Hrsg.), *Wissen in (Inter-)Aktion. Verfahren der Wissensgenerierung in unterschiedlichen Praxisfeldern* (S. 347–376). Berlin/New York: de Gruyter.

Wormer, H. (2011). Improving health care journalism. In G. Gigerenzer, & J. A. M. Gray (Hrsg.), *Better doctors, better patients, better decisions: Envisioning health care 2020* (S. 317–337). Cambridge: MIT Press.

Wormer, H. (2014). Medizin- und Gesundheitsjournalismus. In K. Hurrelmann, & E. Baumann (Hrsg.), *Handbuch Gesundheitskommunikation* (S. 195–213). Bern: Huber.

Wormer, H., & Anhäuser, M. (2014). „Gute Besserung!" – und wie man diese erreichen könnte. Erfahrungen aus 3 Jahren Qualitätsmonitoring Medizinjournalismus auf medien-doktor.de und Konsequenzen für die journalistische Praxis, Ausbildung sowie Wissenschafts-PR. In V. Lilienthal, D. Reineck, & T. Schnedler (Hrsg.), *Qualität im Gesundheitsjournalismus. Perspektiven aus Wissenschaft und Praxis* (S. 17–38). Wiesbaden: VS.

Yavchitz, A., Boutron, I., Bafeta, A., Marroun, I., Charles, P., Mantz, J., & Ravaud, P. (2012). Misrepresentation of randomized controlled trials in press releases and news coverage: A cohort study. *Public Library of Science Medicine, 9*(9), e1001308.

Zehr, S. C. (1999). Scientists' representations of uncertainty. In S. M. Friedman, S. Dunwoody, & C. L. Rogers (Hrsg.), *Communicating uncertainty. Media coverage of new and controversial science* (S. 3–21). Mahwah: Lawrence Erlbaum.

Zehr, S. C. (2000). Public representation of scientific uncertainty about global climate change. *Public Understanding of Science, 9*, 85–103.

The manufacturer's authorised representative in the EU is Springer
Nature Customer Service Centre GmbH, Europaplatz 3, 69115 Heidelberg,
Germany. If you have any concerns regarding our products, please
contact ProductSafety@springernature.com

Printed and bound by CPI Group (UK) Ltd, Croydon, CR0 4YY
29/04/2026
02099337-0002